Moritz Wiggers

Der Vernichtungskampf wider die Bauern in Mecklenburg

Zur Geschichte des Junkertums in Deutschland und zum Verständnis seiner Politik

Moritz Wiggers

Der Vernichtungskampf wider die Bauern in Mecklenburg
Zur Geschichte des Junkertums in Deutschland und zum Verständnis seiner Politik

ISBN/EAN: 9783743676329

Hergestellt in Europa, USA, Kanada, Australien, Japan

Cover: Foto ©ninafisch / pixelio.de

Weitere Bücher finden Sie auf **www.hansebooks.com**

Der Vernichtungskampf

wider

die Bauern

in

Mecklenburg.

Zur

Geschichte des Junkerthums in Deutschland und zum Verständniß seiner Politik.

Von

Moritz Wiggers.

„Die Wohnung des mecklenburgischen Edelmanns, der seine Bauern legt, statt ihre Zustände zu verbessern, kommt mir vor, wie die Höhle eines Raubthiers, das Alles um sich veröbet und mit der Stille des Grabes umgiebt."   Freiherr v. Stein.

Leipzig.

Joh. Friedr. Hartknoch Sep.=Conto.

1864.

In Mecklenburg hat der Feudalismus sich bis auf den heutigen Tag in der Fülle seiner Macht zu behaupten gewußt. Aus allen Niederlagen ist er stets wieder triumphirend als Sieger hervorgegangen. Die Kämpfe der Ritterschaft mit dem Herzog Carl Leopold, dem Bauernfreunde und dem erbittertsten Gegner des Adels, endeten durch Hülfe der von ersterer angerufenen Reichsexecution mit der Niederlage des Herzogs und fanden unter seinem Nachfolger in dem landesgrundgesetzlichen Erbvergleich von 1755, in welchem die der Ritterschaft streitig gemachten Privilegien aufs neue bestätigt wurden, ihren Abschluß. In der Rheinbundszeit wackelte das feudale Gebäude wieder in seinen Grundfesten. Der Herzog Friedrich Franz, durch Napoleon Souverain geworden, drohte mit der Beseitigung der seine Souverainetät beschränkenden Rechte der Feudalstände. Aber diese mußten durch Uebernahme der landesherrlichen Schulden das fürstliche Vorhaben abzuwenden und abermals ihre Vorrechte aus den drohenden Gefahren zu retten. Als vierzig Jahre später der Sturm über den morschen Feudalstaat dahin brauste, brach dieser wie ein Kartenhaus zusammen. Zum ersten Male in der Geschichte Mecklenburgs wehte, unter dem enthusiastischen Beifall der Bevölkerung, die constitutionelle Fahne über den Trümmern des gestürzten Feudalismus. Die Junker selbst anerkannten, daß der Feudalstaat sich überlebt habe, und entsagten feierlichst ihren Vorrechten. Die von dem Großherzoge von Mecklenburg-Schwerin mit der Volksvertretung vereinbarte constitutionelle Verfassung ward durch sein Gelöbniß bekräftigt und am 10. October 1849 verkündet. Aber die Junker, uneingedenk ihrer feierlichen Versprechungen, conspirirten im Geheimen gegen die constitutionelle Aera und mit Hülfe der preußischen Junkerpartei und des Manteuffel-Regiments erreichten sie im Jahre 1850 die Wiederherstellung ihrer zu Grabe getragenen Privilegien. Der Erbvergleich von 1755 ward factisch wieder das Grundgesetz des Landes und ist es noch in diesem Augenblick.

Im übrigen Deutschland dagegen hat das seit dem 16. Jahrhundert erstarkende Fürstenthum die Macht des Feudalismus gebrochen. In Preußen waren es die Hohenzollern, welche im Verein mit dem Bauern- und Bürgerstand das Recht der Junker auf Raub und Fehde vernichtet haben. Die kleinen Herren mußten sich den Fürsten, die sie bis dahin nur als die Ersten unter den Gleichen erkannt hatten, unterwerfen. Das ständische Steuerbewilligungsrecht, die wirksamste Waffe zur Aufrechterhaltung ihrer Privilegien, ward ihnen entrissen, und ihr Landstandschaftsrecht blieb nur noch ein Schatten von dem, was es war. Nach der schmählichen Niederlage von 1806, welche Preußen an den Rand des Verderbens brachte, erkannten die an die Spitze getretenen preußischen Staatsmänner, daß im Interesse der Selbsterhaltung der vollständige Bruch mit dem Junkerthum sich vernothwendige, und zertrümmerten die Fesseln, in welchen dieses die wirthschaftliche Entwickelung des Landes hielt. Durch die Aufhebung der Leibeigenschaft, durch die Proclamirung des Princips der Freiheit in Bezug auf den Grund und Boden und die Erhebung des Bauern zum freien Eigenthümer ward die ländliche Bevölkerung von der Junkerherrschaft emancipirt. Mit dieser agrarischen Reform stand diejenige Reform in Einklang, welche die gewerblichen Monopole beseitigte und die Freiheit des Gewerbes zum Gesetz erhob. Die Anerkennung des großen Princips der Freiheit der Arbeit legte den Grundstein zu der späteren kräftigen Entwickelung des Bürger- und Bauernstandes in Preußen. In dem freien Bürgerthum erhob sich der gefährlichste Gegner des Junkerthums.

Es ist hier nicht der Ort, den Ursachen jener Erscheinung eingehend nachzuforschen, daß in Mecklenburg das reine mittelalterliche Feudalsystem sich bis auf den heutigen Tag erhalten hat, während dasselbe im übrigen Deutschland durch die landesherrliche Macht gebrochen ward. Nur eine der wesentlichsten Ursachen für jene verschiedene geschichtliche Entwickelung wollen wir hier anführen. Es fragt sich: woraus schöpfte in dem einen Falle der Feudalismus, in dem andern Falle das Fürstenthum die Kraft, sich des Gegners siegreich zu erwehren? Die Antwort ist, daß im übrigen Deutschland das Bürgerthum soweit erstarkt war, um das Fürstenthum in den Stand zu setzen, sich des gemeinsamen Feindes zu entledigen, daß aber in Mecklenburg das Junkerthum mit rücksichtsloser Energie die Entwickelung des Bürgerthums gewaltsam darniederhielt, und das Fürstenthum allein zur Bewältigung des Junkerthums nicht mächtig genug war. Wohl können große Handelsemporien entstehen und durch die Vermittelung des Weltverkehrs zu Wohlstand und Reichthum gelangen, auch ohne von einer kräftig entwickelten ländlichen Bevölkerung umgeben zu sein. Die Hansestädte bieten die Beispiele dafür. Aber der Regel nach sind die Interessen der Städte mit denen des platten Landes innig verflochten. Ohne den Wohlstand der ländlichen Bevölkerung können auch die Städte nicht gedeihen. Das mecklenburgische Junkerthum vernichtete den Wohlstand und die Unabhängigkeit des ritterschaftlichen Bauernstandes und endlich diesen selbst. Darum aber konnte auch der Bürgerstand in den Städten und das Bürgerthum überhaupt sich nicht kräftig entfalten. In dem durch junkerliches Willkürregiment niedergetretenen Bauernstand ist die Antwort auf die Frage zu suchen, warum der **Feudalstaat** Mecklenburg noch jetzt existirt.

So verschieden aber auch die politische Entwickelung Mecklenburgs von derjenigen der übrigen deutschen Staaten gewesen ist, so ist doch nirgends in Deutschland, wie dies in Frankreich der Fall war, der Feudalismus von Grund aus beseitigt worden. Ist doch in Oesterreich erst in Folge der 48er Revolution das alte Feudalsystem durch eine auf dem Grundsatze der Freiheit basirende agrarische Gesetzgebung verdrängt. Die deutschen Fürsten, nachdem sie durch das Bürgerthum sich das Junkerthum unterworfen hatten, erachteten es nicht in ihrem Interesse, die Macht des letzteren völlig zu vernichten. Sie bedurften der bevorrechteten Klassen, um dem erstarkenden Bürgerthum, das dem Absolutismus durch die Forderung der constitutionellen Freiheit gefährlich zu werden drohte, die Spitze bieten zu können. Sie beseitigten zwar das altständische Wesen, aber sie bewilligten dem Junkerthum in moderner Form Vorrechte, welche dieses nur allzu wohl für sich auszubeuten verstand. Die Revolution von 1848 reagirte zwar mächtig wider das vordringende Junkerthum, und eine Zeit lang schien es, als wäre dieses für immer vernichtet. Aber sehr bald stand es wieder in schönster Blüthe. Aufs Neue gebot die neue Aera in Preußen demselben ein Halt. Aber mit den angewandten schwächlichen Mitteln ließ sich das Junkerthum nicht gründlich beseitigen, sie dienten nur dazu, es zu encouragiren und zu erneuerten Kraftanstrengungen anzuspornen, um die verlorene Herrschaft wiederzuerobern. Dies gelang demselben denn auch in dem Maße, daß es augenblicklich in dem Staate der Intelligenz mit unumschränkter Machtvollkommenheit herrscht.

Man könnte sich bei dieser Thatsache mit dem Gedanken beruhigen, daß die Junkerpartei nur eine kleine Minderzahl bilde, und daß ihr die Kraft fehle, Preußen auf den Standpunkt mittelalterlicher Zustände wieder zurückzuschrauben. Sein Regiment werde nur von kurzer Dauer sein, ein bloßer Uebergang, und werde bald dem entwickelten kräftigen Bürgerthum weichen müssen.

Uns scheint aber nichts gefährlicher, als sich diesen Gefühlen naher Siegesgewißheit hinzugeben. Denn die Macht der Junkerpartei in Preußen, sowie im übrigen Deutschland, ist weit größer, als man von manchen Seiten anzunehmen geneigt ist.

Vorzugsweise in der nördlichen Hälfte Deutschlands findet sich der reichbegüterte Adel, dessen Grundbesitz durch Fideicommißstiftungen und sonstige in Betreff der Rittergüter noch geltende

Bestimmungen in der Familie zusammengehalten wird. Der unbemittelte deutsche Adel hat in der großen Anzahl deutscher Fürstenhöfe die Mittel zum standesmäßigen Unterhalt. Die Hofstellen sind sämmtlich, die höchsten Staats- und Militärämter meistens in seinen Händen. Diese bevorrechtete Stellung sichert an sich schon der Junkerpartei einen hohen Einfluß auf die Staatsleitung, und wird noch dadurch verstärkt, daß die Junker, der Hofetikette gemäß, die fast ausschließliche Umgebung der Fürsten bilden und diese von dem directen Verkehr mit dem Volke abschließen. Was ist natürlicher, als daß der Fürst, der das Volk nur durch die Brille seiner junkerlichen Umgebung kennt, regelmäßig den Rathschlägen dieser folgt? Die furchtbarste Macht des Junkerthums beruht aber in der Thatsache, daß der Offizierstand in den meisten deutschen Staaten ein reines Adelsinstitut ist. Vorzugsweise gilt dies von Preußen, wo das Junkerthum die Leitung der Armee fast allein in der Hand hat. Nach der Zusammenstellung, welche Rüstow aus der preußischen Rang- und Quartierliste von 1861 macht, ist in Preußen, wenn man die Artillerie- und Ingenieurcorps hinwegläßt, unter 33 Generälen kein einziger bürgerlicher, unter 36 Generallieutenants sind 2, unter 60 Generalmajors 2, unter 96 Obersten 9, unter 106 Oberstlieutenants 9 und unter 509 Majors 70 Bürgerliche. Unter den sämmtlichen 997 Generälen und Stabsoffizieren befinden sich nur 193 Bürgerliche. Rüstow berechnet die Zahl der adeligen Offiziere in Preußen auf 8000 — wovon 5000 im activen Dienst und 3000 pensionirte Offiziere sind — für welche das preußische Volk jährlich mindestens 8 Millionen Thaler zahlt. Der vierte Theil sämmtlicher Abligen in Preußen, deren Zahl 68000 beträgt, wird aus dem Säckel des Militairbudgets erhalten. In der oesterreichischen Armee ist der Adel allerdings weniger stark vertreten. Aber es sind doch unter dem Offiziercorps des oesterreichischen Kriegsheeres, welches aus 15261 Personen besteht, außer dem Kaiser und 21 Erzherzogen, 5 Herzoge, 26 Prinzen, 50 Fürsten, 590 Grafen, 898 Barone, 570 Ritter, 2800 Edelleute, und nur 10300 Bürgerliche. Wenn man nun noch bedenkt, daß die unverantwortlichen deutschen Militaircabinette unter der ausschließlichen Leitung der Junkerpartei stehen und daß die in den meisten deutschen Bundesstaaten bestehenden ersten Kammern die Domaine des Junkerthums sind, durch welche es jeglichen Fortschritt zum Besten seiner Sonderinteressen wirksam hemmen kann, so hat man sicherlich keine Ursache, die Macht der Junkerpartei in Deutschland zu unterschätzen.

Diese Macht ist um so gefährlicher, als die Junker — wir reden hier nicht von den ruhmwürdigen Ausnahmen, von den Männern adeligen Geburtsstandes, welche Edelleute im wahren Sinne des Wortes sind — mit ihrem Corps- und Kastengeist wie ein Mann zusammenstehen, nichts höheres kennen, als ihre Standes- und Familieninteressen, und mit größter Rücksichtslosigkeit alles bekämpfen, was sich ihren selbstischen Plänen widersetzt. Der deutsche Boden rauchte noch von dem Blute der für die heilige Sache der Freiheit und der Errettung der Fremdherrschaft gefallenen Söhne des Vaterlandes, als schon im Geheimen das Junkerthum mit seiner Hofcamarilla an der Spitze gegen die Freiheit des Volkes intriguirte und conspirirte und gegebene Eide und Versprechungen wegbeuteln und brechen half. Zur Zeit des Wiener Congresses bildete sich die „Adelskette", welche den alten ritterlichen Sinn wieder in dem Adel erwecken wollte. Die Carlsbader Beschlüsse, die Demagogenverfolgungen, die massenhafte Einkerkerung wackerer Patrioten, die Censur, die Verbote politischer Versammlungen und Vereine und alle die anderen zur Unterdrückung der einheitlichen und freiheitlichen Entwickelung des deutschen Volks gebrauchten Mittel waren das im Interesse ihrer Sonderrechte unternommene Werk der Junkerpartei. Um ihre Macht noch einheitlicher zu organisiren, begannen schon bald nach den Freiheitskriegen die Adelsvereinigungen, welche sich wie ein Netz über ganz Deutschland ausbreiten sollten. Der Adel in Mecklenburg war schon Ausgangs des vorigen Jahrhunderts vorangegangen, indem er sich um jene Zeit durch eine besondere Acte zu einem Corps vereinigte und abeliges Wort und Ehren zur Aufrechterhaltung seiner Privilegien verpfändete. Diese Adelsvereinigungs-Acte besteht noch jetzt, ungeachtet sie von dem Herzoge Friedrich Franz für null und nichtig erklärt ward. Durch einen glücklichen Zufall sind wir in den Besitz einer im Jahre 1845 in Hamburg veröffentlichten und statt handschriftlicher Mittheilung abgedruckten Schrift gelangt, welche den Titel führt: „Programm der Adelsreunion in Schlesien und Urversammlung und Statuten des Adels-Vereins". Aus dem Programm entnehmen wir, daß die Reunion aus mannigfachen Zeichen erkannt hat, „daß der Staat in seinen höchsten Kreisen die Nothwendigkeit der Erstarkung des aristokratischen Princips begreift und hier bemüht ist, mit ruhiger Weisheit die Keime desselben zu sammeln und zu pflegen; diesem nicht die Hand zu bieten, hieße thöricht den Weg zum Bessern verlängern und versperren. Ihr Zweck ist demnach, jenem hoch hinaufreichenden Willen entgegenkommend, das allgemeine Erkennen dieser Absichten zu fördern und ihre Verwirklichung in allen den Beziehungen zu erleichtern, welche der Macht des Gesetzes entzogen, allein der Sitte und Meinung unterworfen sind." „Die Reunion hofft auf diesem Wege dem Staate die Stützen befestigen zu sehen, welche sie als unumgänglich zum gemeinen Wohl und zum Bestehen der Monarchie voraussetzt. Sie kennt als die erste derselben einen mit seinem Kriterium, dem Grundeigenthum, ausgestatteten, die abelige Gesinnung der Ahnen treu bewahrenden, seine Stellung zum König, Volk und Zeit richtig erfassenden, das geistige Princip nicht sinken lassenden Adel." Ihre Thätigkeit ist gerichtet auf die Förderung der Interessen des Adels und der Verwirklichung der in dem Programme aufgestellten Grundsätze und Ansichten. Zur Restauration des Adels führt nach ihrer Ansicht: 1) das Recht der Erstgeburt in seiner Anwendung auf das Grundeigenthum, unterstützt, außer den bereits allgemein verfolgten Berufswegen, durch den Eintritt der nachgeborenen Söhne des Adels in geistliche Würden, durch Stiftungen für unversorgte abelige

Töchter, durch zeitgemäße Reorganisation des Maltheser Ordens und durch die Beseitigung der Hindernisse, welche die Gründung von Majoraten erschweren; 2) eine moralische Kräftigung des Adels durch standesmäßige Jugenderziehung, durch Förderung ritterlicher Eigenschaften, durch Erwählung von Adelsmarschällen und Schöffen mit patriarchalischen Rechten und durch Adels=Ehrengerichte; 3) eine Wiederbelebung der patriarchalischen Verhältnisse zwischen dem Grundadel und dem Bauernstande, durch Besetzung der Offizierstellen bei der Landwehr, durch richtige Erkenntniß und Uebung der mit dem Rittergutsbesitze verbundenen Polizei=Gerichtsbarkeit und durch Heranbildung einer ergebenen Generation jüngerer Landleute, mittelst verpflichtender Begünstigungen, oder auf andere den Localverhältnissen angepaßte Weise; 4) eine allmählige Gewöhnung der öffentlichen Meinung an das bestimmte Hervortreten des Adels an die Spitze der Nation durch Schrift und Rede, durch eine Stellung in der Gesellschaft, die gleich weit von stolzer und schädlicher Isolirung und herabziehender Fraternität entfernt, die geeignete Mitte zwischen beiden hält und den Edelmann zu einem geachteten Mitglied jedes Vereins macht, durch Förderung der patrizischen Tendenzen der nicht adeligen Rittergutsbesitzer und der bedeutenden Fabrik= und Handelsherren und durch Rücksicht auf ein achtbares öffentliches Auftreten bei öffentlichen Gelegenheiten, z. B. Jagden, Wettrennen, sowohl im einzelnen als möglichst Korporationsweise, überhaupt durch entsprechende Einwirkung auf die äußeren Sinne des Volks, durch Kleidung, Pferde, Waffen, Dienergefolge und burgartige Wohnungen; 5) die Verbesserung des materiellen Wohlstandes des Adels, namentlich auch durch Verbindung des Adels mit wohlhabenden Töchtern des höheren Bürgerstandes und durch Herabsetzung der das Grundeigenthum belastenden Pfandbrief= und Hypotheken-Zinsen und daran geknüpfte Sicherung gegen den häufigen Wechsel der Besitzes. „Ist erst", so heißt es am Schlusse des Programms, „die Macht der Meinung und Sitte gewonnen, sicher bietet dann die Macht der Gesetze bald entgegenkommend die Hand." — Aus dem in der erwähnten Schrift mitgetheilten Protokoll geht hervor, daß am 27. Juli 1841 sich 32 Adelige aus Preußen, Mecklenburg und anderen deutschen Ländern in Leipzig versammelt haben, um einen preußischen Adelsverein, dem sich auch der Adel aus andern deutschen Staaten anschließen dürfe, zu stiften. Man einigte sich über ein Programm, das im Wesentlichen dem der schlesischen Adelsreunion entspricht. Der abwesende Baron von Fouqué sollte ersucht werden, bei seiner nahe bevorstehenden Reise nach Berlin Gelegenheit zu nehmen und zu suchen, Se. Majestät den König von Preußen mit dem Plan im Allgemeinen bekannt zu machen und dessen Genehmigung, deren Ertheilung nicht bezweifelt ward, zu erbitten. Der anwesende Redacteur der Adelszeitung, Herr von Alvensleben, ward beauftragt, auf Grund der gefaßten Beschlüsse das Statut zu entwerfen. Dieser unterzog sich dem ihm gemachten Auftrage und begleitete die einzelnen Bestimmungen mit Motiven, aus welchen erhellt, daß auch diejenigen Punkte des Statuts, welchen man an sich den Beifall nicht versagen kann, nur für das Interesse des Adels ausgebeutet werden sollen. Z. B. die Bestimmung im §. 4., in welchem die Wohlthätigkeit gegen Dritte ohne Unterschied des Standes und der Religion empfohlen wird, ist gewiß nur zu loben. Aber der jesuitische Zweck dieser Bestimmung wird durch die Motive erläutert, in welchen es heißt: „Man könnte entgegnen, dazu sei kein Verein nöthig, sondern jeder einzelne Edelmann könne für seine Person so handeln; allein dadurch würde der Stand in der öffentlichen Meinung nicht gewinnen, sondern die Masse würde in dergleichen leuchtenden Beispielen eben nur Einzelne sehen, während dergleichen Bestrebungen von sämmtlichen Mitgliedern des Vereins ausgehend als Sinn und Geist des Standes betrachtet werden müssen." „Wohlthätigkeit ist nicht nur ein echt charakteristisches Zeichen wahrhaft adeliger Gesinnung, sondern sie dürfte auch als Maßregel der Klugheit, namentlich in Bezug auf den gefahrdrohenden Stand der Proletarier, zu empfehlen sein." Nach dem §. 12.

können Fürsten regierender Häuser und adelige Damen auch als Ehrenmitglieder aufgenommen werden. Denn „die Ehrenmitglieder scheinen ganz besonders im Interesse der Casse zu liegen, auch sind Damen in der Regel die eifrigsten Vertheidiger und Beförderer einer Sache, der sie sich widmen." Die Constituirung des Vereins sollte im April 1842 in einer nach Leipzig zu berufenden Versammlung erfolgen. Ueber das fernere Geschick dieser Adels = Conspiration ist nichts in die Oeffentlichkeit gelangt. Wir bezweifeln aber nicht, daß diese Vereinigung, welche ihre Zweigvereine über ganz Deutschland ausbreiten sollte und durch den Rückhalt, welchen sie an dem König Friedrich Wilhelm IV. fand, eine hohe Gefahr für die Volksinteressen in sich birgt, noch augenblicklich in voller Blüthe steht und bis auf die neueste Zeit einen verhängnißvollen Einfluß auf die politischen Zustände übt. Möge es der Kreuzzeitung gefallen, anstatt Verschwörungen zu erdichten, weitere Enthüllungen über diese junkerliche Constantia zu bringen.

Wiederum war es das Junkerthum, welches die glorreiche Freiheitsbewegung des Jahres 1848 erstickte und die folgende schmachvolle Zeit der Reaction herbeiführte. Mit unauslöschlichen Zügen wird sich dem Gedächtniß jedes patriotischen Zeitgenossen jene reactionäre Aera eingeprägt haben, welche mit standrechtlichen Hinrichtungen begann, zahllose Patrioten ins Ausland, übers Meer trieb, Hochverrathsprozesse mit Hülfe meineidiger Zeugen und serviler Richter in Scene setzte, die Zuchthäuser mit ihren Gegnern füllte und eine ebenso barbarische als feige Rache an ihnen nahm, eine Menge unschuldiger Familien in Trauer und Elend versetzte, jede Regung der Freiheit niederhielt und fast ein Decennium hindurch wie ein Alp auf Deutschland drückte. - Als die neue Aera in Preußen auftauchte, da ward es zwar eine Zeit lang stille im Lager der Junkerpartei, aber um so geschäftiger war sie im Geheimen, die verlorene Macht wieder zu erlangen. Die Schlingen, welche sie dem Volke legte, waren indeß zu grob, um ihrem Zwecke zu dienen. Die erstrebte Coalition mit dem

Zunfthandwerker mißglückte. In den Wahlschlachten machte die Partei, trotz aller unsauberen Mittel, jämmerliches Fiasco. Ihre eigene Geistesarmuth ließ sich unter den erborgten und erkauften Federn nicht verdecken; der freien Presse, dem freien Manneswort und den überlegenen geistigen Kräften ihrer Gegner gegenüber trat sie in das grellste Licht. Desto besser gelang ihr die teuflische List, nach und nach das zwischen Fürst und Volk bestehende Vertrauen zu untergraben.

Offen liegt es vor aller Welt, mit welchen Mitteln es der Junkerpartei gelungen ist, das Mißtrauen des Königs wider sein loyales Volk zu erregen. Der verfassungsmäßige Gebrauch, den die Vertreter des Volks von ihrem unzweifelhaften Rechte machten, ward zu einem Eingriff in die Rechte der Krone und zu einer hochverrätherischen Auflehnung wider den persönlichen Willen des Königs gestempelt. Lügen, Haß und Zwietracht wurden mit vollen Händen ausgestreuet, um die Bande zwischen Fürst und Volk zu lockern und einen „Keil" in die beschworene Verfassung zu treiben. **Selbst die unverletzliche Majestät des Fürsten ward in den Kampf der Parteien gezogen, um dem Junkerthum als Schild zu dienen.** Und so wohl ist die böse Saat aufgegangen, daß das Junkerthum augenblicklich die Zügel der Regierung in Händen hält und in einer Weise mit Gesetz und Verfassung verfährt, über welche das Urtheil nicht erst festgestellt zu werden braucht.

Erst kurze Zeit ist verflossen, seit das Junkerthum in Preußen wieder zur Herrschaft gelangt ist. Aber dieser kurze Zeitraum hat genügt, um seine Tendenzen vollständig zu enthüllen. Die Thatsachen liefern den Beweis, daß es entschlossen ist, um jeden Preis seinen Sonderinteressen Geltung zu verschaffen und jede Opposition gewaltsam niederzuschlagen.

Einem solchem Gegner gegenüber muß das deutsche Volk einmüthig zusammenstehen und Schulter an Schulter Front machen. Das Vaterland, unsere Nationalität, die Freiheit, ja unsere Cultur sind in Gefahr. Was gelten dem Junkerthum diese höchsten Güter? Ist denn die Zeit schon vergessen, wo dasselbe um die Gunst eines fremden Eroberers buhlte? Haben nicht noch jüngst feudale Minister mit dem Verrath Deutschlands an das Ausland gedroht? Ist nicht von jener Seite zu Städtezerstörungen aufgefordert worden? Erleben wir nicht im gegenwärtigen Augenblicke das schmachvolle Schauspiel, daß das Junkerthum deutsche Provinzen dem Auslande überliefern will? Das Princip der Legitimität ist der Junkerpartei nur so lange heilig, als es ihren Sonderinteressen dient. Wäre es ihr Ernst damit, so hätte sie sich auf die Seite des legitimen Herzogs von Schleswig-Holstein stellen müssen. Sie bekämpft die legitimen Ansprüche desselben, weil sie mit den nationalen Forderungen des deutschen Volkes übereinstimmen und weil die einmüthige Erhebung des letzteren für die gerechte Sache der Herzogthümer in ihrer weiteren Entwickelung auch die deutsche Frage im nationalen Sinne lösen wird. Die im Particularismus wurzelnden Privilegien der Junker werden aber selbstverständlich mit dem Augenblicke fallen, wo ein auf nationaler Grundlage organisirtes Deutschland erstanden sein wird. Deshalb kämpfen die Junker mit dem Haß, mit der Erbitterung, Wuth und Energie, und mit den rücksichtslosen Mitteln, welche, wie die Geschichte lehrt, den im Kampfe für ihre Vorrechte begriffenen privilegirten Klassen stets eigenthümlich gewesen sind, gegen die nationale Einigung unseres großen Vaterlandes und gegen alles, was uns diesem Ziele näher bringt. Das Junkerthum hat nur eins was ihm heilig ist: sein Sonderinteresse.

Schon einmal ist die Sache deutscher Einheit und Freiheit an der Zwietracht der Faktionen gescheitert. In den Jahren 1848 und 1849 unterschätzte man die Macht des Feudalismus. Die beiden liberalen Parteien zerfleischten einander, während der Erzfeind den günstigsten Zeitpunkt erspähte, um beide zu verschlingen.

Wenn die Gefahr, welche uns Seitens des Feudalismus droht, allgemein erkannt wird, dann wird das ganze Volk sich zusammenschaaren, um jene Kaste, welche sich gegen seine heiligsten Interessen verschworen hat, zu bekämpfen. So mächtig der Feudalismus auch ist, dem einigen deutschen Volke vermag er nicht zu widerstehen. Darum aber gilt es, alle Klassen des Volkes über die letzten Ziele der Junkerpartei aufzuklären. Ihr verstorbener Führer hat die Parole ausgegeben: die Wissenschaft ist die Umkehr. Ja, die Umkehr will sie, sie will die Zeit wieder zurückschrauben zum Mittelalter, wo sie den Bauern- und Bürgerstand beherrschte und unter ihre Füße trat, wo sie selbst den Fürsten Gesetze dictirte. Das mittelalterliche persönliche Regiment der kleinen Herren soll wieder eingeführt werden und ihre Willkür wieder die Stelle des Gesetzes einnehmen. Nicht kräftig genug, um allein seine Pläne durchzuführen, sucht das Junkerthum das Königthum für sich zu gewinnen, um mit dessen Hülfe das Bürgerthum zu unterjochen. Das Gottesgnadenthum und das persönliche Regiment des Königs, welches die Junkerpartei sich zum Schiboleth erwählt hat, ist nur die gleißnerische Maske, unter welcher sie ihre wahren Pläne verbirgt. Indem sie dem Fürsten die absolutistische Gewalt zu verschaffen strebt, trachtet sie, unter dem Schutze derselben das eigene persönliche Regiment wieder zu gewinnen. Die absolute monarchische Gewalt soll das erstarkte Bürgerthum besiegen und auf dem so geebneten Boden will das Junkerthum von Gottesgnaden den eigenen Thron wieder errichten. Das Königthum ist ihm nicht Zweck, sondern nur Mittel. „Die märkischen Junker waren früher als die Hohenzollern"; das ist der leitende Gedanke, den die Partei sich stets gegenwärtig erhält.

Das Studium der Geschichte lehrt uns das richtige Verständniß der Gegenwart und enthüllt uns das sybillintische Buch der Zukunft. Das Studium der mecklenburgischen Feudalverhältnisse ist vorzugsweise geeignet, uns über die letzten Ziele der preußischen Junkerpartei aufzuklären. In Mecklenburg hat sich das mittelalterliche Feudalsystem, wenn auch in etwas modernisirter Form, bis auf den heutigen Tag erhalten. Der mecklenburgische Junker raubt nicht mehr auf den Landstraßen, aber mit seinen politischen und socialen Privilegien beraubt er das Volk in anderer Form. Nur der Form nach ist die Leibeigenschaft aufgehoben. Die Landeshoheit und die Souveränetät der mecklenburgischen Fürsten haben zwar äußerlich eine staatliche Einheit durchzusetzen gewußt, aber dem Wesen nach ist Mecklenburg noch der alte, nur durch ein loses Band zusammengehaltene und in viele einzelne Herrschaften zerfallende Patrimonialstaat, in welchem der Ritter absoluter Herr und nur so weit in seiner absoluten Gewalt beschränkt ist, als er sich im Vertragswege dem Fürsten gegenüber gebunden hat. Die vielverlachte Proklamation des Grafen Kuno Hahn an die „Hahnschen" war nur die konsequente Anwendung der dem kleinen Herrn rechtlich zustehenden Befugnisse. Die Steuerfreiheit des mecklenburgischen Ritters ist zwar im Laufe der Zeit theilweise durchbrochen, aber doch der Hauptsache nach konservirt. Dem Fürsten, der ursprünglich die Staatslasten allein aus den Einkünften seiner Domainen und Regalien bestreiten mußte, sind später zwar Steuern bewilligt, aber eine Verpflichtung zur Steuerzahlung existirt noch jetzt für den Ritter nur so weit, als er sich dem Landesherrn gegenüber kontraktlich gebunden hat. Mecklenburg ist nun das gelobte und gepriesene Land des preußischen Junkerthums, das Ideal seiner Wünsche. Als dieses Land in Folge der 48ger Bewegung seine Feudalfesseln abgestreift hatte, da waren es die preußischen Junker, welche, wohl wissend, wie sehr es ihrem Interesse entsprach, daß in dem benachbarten Lande mit seinen vielen und reichen Feudalherren das unverfälschte Mittelalter fortexistirte, mit allen Mitteln die Wiederaufhebung des zwischen Fürst und Volk vereinbarten Staatsgrundgesetzes vom 10. Oktober 1849 herbeiführten. Mecklenburg ist von ihnen öffentlich als ein Musterstaat gepriesen, und es steht nicht zu bezweifeln, daß die letzten Ziele ihrer Bestrebungen darauf gerichtet sind, den mecklenburgischen Zuständen in Preußen Eingang zu verschaffen.

Es ist nicht unsere Absicht, die gesammten mecklenburgischen Zustände zu schildern, sondern wir wollen nur die Geschichte des ritterschaftlichen Bauernstandes in Mecklenburg vom 13. Jahrhundert bis auf die neueste Zeit in kurzen Grundzügen vorführen. Diese Geschichte enthält die beste Characteristik des mecklenburgischen Junkerthums. Wir haben uns diese Aufgabe nicht blos ihrer selbst wegen gestellt, sondern in speciellem Hinblick auf den Bauernstand in Preußen. Das culturhistorische Bild, welches wir in Nachstehendem entwerfen, soll ein Spiegelbild dessen sein, was der preußische Bauernstand zu erwarten hat, wenn die preußische Junkerpartei zu dauernder Herrschaft gelangt. Das Geschick des Bauernstandes steht aber mit dem des Bürgerstandes in innigem Zusammenhange, und wird daher auch der preußische Bürgerstand aus dieser geschichtlichen Darlegung entnehmen können, daß seine eigensten Interessen gefährdet sind, wenn es der preußischen Feudalpartei gelingen sollte, ihre Pläne zur Ausführung zu bringen. Aber nicht blos für Preußen, sondern auch für das ganze übrige Deutschland ist es von hoher Bedeutung, die letzten Consequenzen des Junkerthums kennen zu lernen.*)

Die Germanisirung Mecklenburgs ward in der zweiten Hälfte des 13. Jahrhunderts vollendet. Durch Krieg und Kolonisation von Westen her wurden die ursprünglichen wendischen Bewohner fast gänzlich ausgerottet. Mecklenburg ward ein echt deutsches Land, wovon seine Verfassung, die niederdeutsche Sprache, die Bauart der Dörfer und Sage und Sitte Zeugniß ablegen. Der leibeigene wendische Bauer wurde durch den freien deutschen Bauern verdrängt, indem nur in einzelnen besonderen Wendendörfern sich der ursprüngliche Stamm behauptete. Das Fürsten-

---

*) Bei der nachfolgenden geschichtlichen Darlegung sind wir bis zum Ende des 18. Jahrhunderts im Wesentlichen den betreffenden Ausführungen in der vortrefflichen Geschichte Mecklenburgs von Ernst Boll, 2 Th. 1855 und 1856 gefolgt und haben die darin über den behandelten Gegenstand mitgetheilten Aktenstücke und Urkunden benutzt, ohne deshalb auf eigene Anschauungen und Forschungen verzichtet zu haben.

haus jedoch und einzelne adelige Familien vermögen heutzutage noch ihren Stammbaum auf wendischen Ursprung zurückzuführen. Fast alles ländliche Grundeigenthum ward damals durch Bauern bewirthschaftet, welche dem Grundherrn zu fest bestimmten Abgaben an Geld und Naturalien verpflichtet waren. Die großen Hofwirthschaften der Gutsbesitzer existirten so wenig, als die jetzigen Hoftagelöhner. Eine landschaftliche Erklärung vom Jahre 1821 sagt damit übereinstimmend: "Es leidet keinen Zweifel und ist durch die vaterländische Geschichte und Verfassung bis zur höchsten Evidenz bewiesen, daß in der Vorzeit fast alles ländliche Grundeigenthum durch kleinere Hauswirthe benutzt wurde." Die Bauern hatten ihre Gehöfte, welche verkäuflich und verschuldbar waren, meistentheils zu erblichem Lehen. Es gab aber auch Bauern, welche keinen Grundherrn hatten und ihre Gehöfte als freies Eigenthum besaßen.

Neuerdings ist von einzelnen Junkern die Behauptung aufgestellt, daß auch in früheren Zeiten die Bauern kein dingliches Recht an ihren Gehöften gehabt hätten und daß das Verhältniß derselben ganz in derselben Weise aufzufassen sei, wie das eines von dem Grundherrn auf seiner Meierei eingesetzten Wirthschaftsführers. Aber Thatsachen und Urkunden sprechen gegen diese durch nichts als das junkerliche Interesse unterstützte Ansicht.

Die deutsche Einwanderung stammte hauptsächlich aus Westphalen und darf man schon daraus mit ziemlicher Sicherheit schließen, daß die westphälischen Colonien das dort geltende freie Bauerrecht mit herübergebracht haben. Jedenfalls wird die Einwanderung nur dadurch nach Mecklenburg gelockt sein, daß ihr ein sicherer und fester Besitz an den Bauergehöften eingeräumt ward. Die in dem Fürstenthum Ratzeburg als alte Gewohnheit anerkannte und rechtskräftig entschiedene Erblichkeit der Bauerngüter und die seit uralter Zeit bestehenden Rechtsverhältnisse der Poeler Hospitalbauern weisen gleichfalls darauf hin, daß die Erblichkeit der Bauerngüter in Mecklenburg eine allgemeine war. Ueberdies hat die in jüngster Zeit von großherzoglichen Archivbeamten angestellte Durchforschung der im landesherrlichen Archiv aufbewahrten Urkunden ergeben, daß auch außerhalb des Fürstenthums Ratzeburg und der Insel Poel zahlreiche Bauern mit erblichem Besitz vorhanden gewesen sind. Durch Erkenntniß des Reichskammergerichts vom 23. Juni 1797 ist erwiesen, daß im 15. Jahrhundert erbliche Bauern unter Grundherrschaft vorkamen. Die Erbfolge fand nach den Grundsätzen des deutschen Rechts statt, wonach der Erbfall nicht mit dem Tode, sondern mit der eintretenden Altersschwäche stattfand. Im Stargardischen Kreise gab es seit dem 13. Jahrhundert Bauergüter zu Lehnrecht. Es wurde dort üblich, in Bauerdörfern die Schulzen mit ihrem Amte zu belehnen und ein Grundstück dem allodialen Schulzengehöft lehnbar beizulegen. Selbst Lehnleute mußten das von ihnen verkaufte Bauererbe in ihren eigenen Bauerdörfern vor dem Schulzen und den Bauern verlassen; ganze Dorfschaften kauften Communaleigenthum und bewahrten ihre Urkunden bei dem Dorfschulzen auf. Aus einer Originalurkunde des großherzoglichen Archives geht hervor, daß auch Bauern existirt haben, welche eigene Siegel führten, sowie es auch feststeht, daß die Bauern ihre eigene Gemeindeverfassung und ein eigenes bäuerliches Gericht hatten. Eine Urkunde vom 29. September 1420 beweist, daß jeder Bewohner des Dorfes Zahrenstorff ein Erbe in demselben besessen und zu dem Erbe Eigenthum gekauft hat. In einer Urkunde vom 25. November 1284 versichert der Fürst Nikolaus von Werle mit seinen Brüdern und seiner Mutter Sophie, daß, nachdem sein Vater Johann die in dem Gute Roetz liegenden ursprünglichen Pfarräcker der Kirche zu Alt=Malchow hat nachmessen lassen und den Bauern derselben zu ewigem Besitze verkauft hat, er diese Aecker nicht mehr (zum Zweck einer höheren Besteuerung) vermessen lassen will. Selbst der Engere Ausschuß der Ritter= und Landschaft macht in einem Bericht vom 17. September 1847, betreffend die bäuerlichen Verhältnisse, das offizielle Zugeständniß, daß vor dem 16. Jahrhundert die den Bauern verliehenen Rechte erblich gewesen seien.

Die betreffende Stelle lautet wörtlich: „Sowie in allen deutschen Ländern entstanden auch schon frühe in Mecklenburg bäuerliche Verhältnisse und ward vor dem 16. Jahrhundert bei den Verleihungen zu Hofrecht und zu Erbzinsrecht die verliehene Stelle erblich, wenigstens eine Erblichkeit des Besitzes begründet." Auch unser ministerielles Organ, der „Norddeutsche Correspondent" (Jahrgang 1860, Nr. 158), stellt es nach den bereits vorliegenden historischen Forschungen als unzweifelhaft hin, daß in Mecklenburg ebensowohl wie in allen übrigen germanischen und germanisirten Ländern nach der Ueberwindung des Wendenthums durch die deutsche Einwanderung auch deutsche Sitte und deutsches Recht Eingang gefunden und Geltung gewonnen und auch in unserm Lande ein freier Bauernstand mit einem durch Sitte und Gewohnheit geregelten festen Rechtsverhältnisse sowohl zu der Scholle, die er bebaute, als zu dem Herrn, dem er diente, sich entwickelt habe. Auch hätten noch bis auf den heutigen Tag in einzelnen Gegenden unseres Landes vereinzelte Bauerschaften ihre uralten Rechtsverhältnisse trotz der Stürme vieler Jahrhunderte im Wesentlichen zu conserviren gewußt. Der Vicelandmarschall von Maltzan bestätigte jene Auffassung, indem er in der Sitzung des Landtages von 1861 die Behauptung aufstellte: der Bauer habe in der Vorzeit vor 1621 nach demselben Verhältniß auf seiner Hufe gewohnt, wie der Ritter auf seinem Lehngut, der Landesherr habe den Ritter und dieser den Bauern belehnt.

Der Ritterstand der damaligen Zeit hatte ganz andere Dinge zu thun, als sich um die Bewirthschaftung seiner Güter zu bekümmern. Nach dem angezogenen Bericht des Engeren Ausschusses haben die Verbindlichkeit der Lehnleute zur persönlichen Dienstwärtigkeit und insonderheit deren eigene kriegerischen Geschäfte sie an der unmittelbaren Cultur ihrer Güter verhindert. Wenn nun die Rittergüter nicht brach liegen sollten, so vernothwendigte es sich, die leibeigene und verachtete wendische Race, welche theils zu verdummt war, um für eigene Rechnung den Acker zu bestellen, theils durch Kriege decimirt war, durch die intelligente deutsche Einwanderung, welche durch die ihr gemachten vortheilhaften Anerbietungen herbeigelockt ward, zu ersetzen. So wurden die Rittergüter nach und nach in Bauergehöfte zerlegt und in Bauerdörfer umgeschaffen, und die Zahl der Bauern stieg endlich in dem Maße, daß fast alles urbare Land von ihnen besessen ward.

Während nun der Bauer den Grund und Boden cultivirte, fanden die Ritter ihre Lust in der Ausübung des Kriegshandwerks, in Raub und Wegelagerung, in einem wüsten schwelgerischen Leben miteinander und an den Höfen der Fürsten. „Die eigenen kriegerischen Geschäfte", wie der Bericht des Engeren Ausschusses es zart ausdrückt, bestanden in Fehde und ganz gemeiner Wegelagerei. Der Unterschied zwischen beiden war der, daß bei den ersteren der Gegner von der feindlichen Absicht vorher durch einen Absagebrief benachrichtigt werden mußte und bei der letzteren der Ueberfall ganz unvermuthet geschah. Die bescheidenen Abgaben der Bauern genügten den Rittern für die Bestreitung ihrer extravaganten Bedürfnisse nicht. Sie vergrößerten daher ihre Einnahmen durch gewaltsame Mittel. Seit dem 14. Jahrhundert nahm die ritterliche Wegelagerei in bedenklicher Weise überhand. Vergebens versuchten die Landesherren, im Bunde mit den Städten, dieses Unwesen auszurotten. Der Fürst Johann von Werle erließ im Jahre 1341 eine Verordnung, nach welcher einem Jeden die Vollmacht ertheilt ward, alle Landesfriedensbrecher, welche rauben, brennen, morden und bobbenstulpen, ohne Ansehen der Person zu richten. Mit dem Ausdruck „bobbenstulpen" bezeichnete man diejenigen Räuber, welche beim Einbruch in die Häuser die Bewohner derselben, um ungestört plündern zu können, unter umgestülpten Fässern und Tonnen einsperrten. Einer der Landesherren, der im Jahre 1383 verstorbene Herzog Heinrich, welcher sich die Ausrottung der adeligen Straßenräuber besonders angelegen sein ließ und nicht allein jeden Wegelagerer ohne Gnade und Barmherzigkeit henken ließ, sondern auch diese Execution in vielen Fällen selbst vollzog, ward von den Geschichtschreibern durch den Beinamen „der Henker" (Henricus suspensor) ausgezeichnet. Im Jahre 1385 verbündeten sich die Seestädte mit dem Könige Albrecht, um die gefährlichsten Ritterburgen zu zerstören, bei welcher Gelegenheit von den Malchiner Bürgern ein Maltzan auf der Burg Schorssow erschlagen ward. Bei diesem Zuge wurden 20 Vesten zerstört. Gegen Ende des 14. Jahrhunderts vereinigte sich Albrecht mit dem Landgrafen Wilhelm von Thüringen, welcher damals in der Mark gebot, zur Abwehr der Räubereien in den beiderseitigen Ländern. Sie eroberten im Jahre 1399 die Stadt und Burg Lenzen, erhenkten die darin gefangenen Räuber und zerstörten die benachbarten Schlösser. Als im Jahre 1392 die Städte Rostock und Wismar Kaperbriefe (Stehlbriefe genannt) ausgaben, da begab sich der Adel auch zur See, um zu rauben. Es entstanden die „Vitalienbrüder", welche friedliche Dörfer niederbrannten und Menschen, Vieh und sonstiges Gut wegführten, und deren Kaperei bald in gemeine Seeräuberei ausartete. Die Hauptleute der Vitalienbrüder gehörten meistens den mecklenburgischen Adelsfamilien an, worunter namentlich Marquard Preen, Bosse von Kaland, Henning Manteuffel (ein Vorfahre des preußischen Ministers a. D. von Manteuffel) und Moltcke, welcher letztere im Jahre 1395 von den Stralsundern gefangen genommen und aufgeknüpft ward.

Im Anfange des 15. Jahrhunderts gewannen die Raubzüge an der südlichen Landesgrenze, welche von Mecklenburg aus nach der Mark und von hier nach Mecklenburg unternommen wurden, eine unerhörte Ausdehnung. An der Spitze dieser Raubzüge, welche bald von größeren, bald von kleineren Streifpartien ausgingen, standen mecklenburgische und märkische Ritter und waren dabei fast alle damaligen adeligen Familien in beiden Landestheilen vertreten. Aus den Schadensrechnungen, welche zwecks gegenseitiger Abrechnung im Jahre 1424 aufgemacht wurden, ersieht man, daß von 1422 bis 1424 von den Mecklenburgern und Stargarbern in der Herrschaft Ruppin 63 Räubereien verübt worden sind, und daß in derselben Zeit aus der Mark von jenen und den Werlern 11,339 Schafe, 5452 Haupt Rindvieh, 1668 Pferde, 2819 Schweine und 1317 Ziegen geraubt wurden. Man raubte aber nicht blos Vieh und, wie es in den Rechnungen heißt, „alles was da war", sondern brannte auch ganze Dörfer nieder, ja plünderte selbst die Kirchen aus. Menschen wurden gefangen genommen und in den Stock gelegt, bis man ein ansehnliches Lösegeld von ihnen erpreßt hatte.

Die Herzogin Katharina und die Stargarder Herzoge suchten durch Vertrag mit dem Markgrafen Johann im Jahre 1431 dem Räuberwesen ein Ende zu machen. Aber aus den im Jahre 1438 aufgemachten Schadensrechnungen sieht man, wie wenig das gefruchtet hatte. Ein zu Perleberg am 8. Mai 1442 zwischen den mecklenburgischen Herzogen und den Markgrafen zur Unterdrückung der Raubzüge abgeschlossenes ewiges Bündniß hatte keinen besseren Erfolg. Die Räubereien erreichten in den folgenden Jahren ihre Blüthezeit. In einer Klageschrift des Markgrafen Friedrich vom Jahre 1448 gibt dieser seinem Schwager, dem Herzoge Heinrich dem Dicken, die Schuld, daß wider das abgeschlossene Bündniß mit seinen Mannen, Städten und Untersassen, durch seine Amtleute, namentlich Herrn Behrend von Plessen und Webego von Czulen, mit Heerschild und losgeschlagenen Bannern seine Lande und Untersassen beraubt, beschädigt und zu großem, unüberwindlichen Schaden gebracht seien. Sodann folgt noch eine Reihe von Klagepunkten über die Beraubungen, welche mecklenburgische Vasallen und des Herzogs Heinrich Hofgesinde um dieselbe Zeit an andern Orten der Mark verübt hätten.

Im Jahre 1450 wollten nach einem Bericht der Lübeckischen Chronik die Bürger von Perleberg, Kyritz und Wustrow endlich an den Hahnen wegen der von diesen geübten langjährigen Räubereien Rache nehmen. Der Herzog Heinrich IV., bei dem sie schon oft dieserhalb Klage geführt, hätte ihnen immer erwiedert: „es sei ihm dies allerdings Leid, er könne aber nichts dagegen thun, denn die Hahne wollten ihn nicht hören." Deshalb wären sie endlich mit Erlaubniß des Markgrafen in Mecklenburg eingedrungen und hätten die Hahnschen Güter mit Plünderung und Brand heimgesucht.

Wiederum ward im Jahre 1479 ein Bündniß zwischen Mecklenburg, Brandenburg und Pommern abgeschlossen zur Sicherung der Landstraßen, welche durch die auf denselben verübten „Plackerei, Räuberei und Zugriffe so in Verruf gekommen seien, daß Niemand wegen der Gefahr und des Verlustes seiner Güter und seines Leibes sie besuchen, befahren, bereiten oder begehen möge." Aber noch in demselben Jahre beklagte sich der Markgraf über eine von Busso v. Lützow der Stadt Perleberg zugefügte Beraubung.

Es war indeß nicht blos an der südlichen Grenze, wo die ritterlichen Räubereien vorfielen, sondern ähnlich sah es auch in den übrigen Theilen des Landes aus. Vornämlich war es die reiche Handelsstadt Lübeck, welche die ritterlichen Wegelagerer heimsuchten. Diese Raubzüge wurden von den mecklenburgischen Raubrittern in Gemeinschaft mit dem Adel der Mark und Priegnitz auf gegenseitigen Gewinn und Verlust unternommen. Im Jahre 1421 begaben sich 180 Räuber, an deren Spitze Reimar von Plessen, Balduin vom Kruge und Johann Quitzow standen, auf die Heerstraße zwischen der Elbe und der Stadt Mölln, um die vorbeipassirenden Waarenzüge zu berauben. Der Ritter Matthias Axekow plünderte im Jahre 1435 bei Wismar zwei Bauern aus dem Lübeckschen. Der genannte Johann Quitzow commandirte im Jahre 1446 einen Haufen von 1200 Straßenräubern, welche auf der Straße zwischen Wismar und Lübeck einen Lübecker Waarentransport wegnahmen. Im Jahre 1450 zogen viele adelige Straßenräuber nach den Lübecker Gütern bei Mölln, raubten Pferde und Kühe und was sie sonst auf dem Wege fanden, nahmen etliche Leute gefangen und steckten die Friedburg in Brand. Unter Anführung des Hauptmanns

Gans von Putlitz erschienen im Jahre 1453 etliche Hauptleute aus Mecklenburg und aus der Priegnitz vor Mölln und nahmen dort einige Bürger und zwei Rathsdiener gefangen. Im Jahre 1457 machte derselbe einen ergiebigen Zug mit 300 Straßenräubern aus Mecklenburg, der Priegnitz und der Mark gegen Lübecker Kaufleute, welche die Lüneburger Messe bereisen wollten. Von Straßenräubern aus Mecklenburg, welche zum Theil in des Herzogs Diensten standen, ward im Jahre 1466 ein Hauptfang in Ratzeburg gemacht. Sie überfielen nämlich einen Zug mit Frankfurter Gütern, welche nach Lübeck bestimmt waren, nahmen von den Gütern, wie der Chronist berichtet, Korallen, Perlen, Seide und Gewürze, soviel sie in Säcken zu Pferde mitschleppen konnten, bemächtigten sich der Pferde und ermordeten die Fuhrleute. Die Mecklenburger, weil sie bei dieser Gelegenheit besonders viel Pfeffer erbeutet hatten, erhielten in Folge davon den Spitznamen „die Pfeffersäcke."

Daß auch an der östlichen Landesgrenze das ritterliche Handwerk florirte, geht daraus hervor, daß im Jahre 1457 preußische Kaufleute, welche nach Lübeck ziehen wollten, in der Ribnitzer Haide unter Führung eines Pommern, Namens Raven Barnekow, geplündert wurden. Der Herzog Heinrich der Dicke, welcher selbst im Jahre 1456 die Umgegend der Stadt Lüneburg ausgeplündert hatte und in dem Verdachte stand, daß er bei seiner großen Geldnoth seinen Hofleuten gern durch die Finger sähe, wenn sie sich durch ihre Wegelagerei ihren Lebensunterhalt erwarben, ist höchst wahrscheinlich auch bei jenem Raubzuge des in seinem Hofdienste stehenden Raven Barnekow betheiligt gewesen.

Das sind einzelne wenige Beispiele von den Heldenthaten, welche die mecklenburgischen Junker während des 14. und 15. Jahrhunderts verübten und welche einen in großherzoglichen Diensten stehenden Adeligen in einer Landtagsversammlung zu dem mit der Faust begleiteten Ausspruch entflammten: „Wir sind stolz darauf, daß unsere Vorfahren das Faustrecht geübt haben!"

Mit diesem Treiben der Junker stand ihr anderweitiger Lebenswandel im Einklang. Nach den Nachrichten, welche wir über das Leben und Treiben am Hofe besitzen, war das Hofleben im hohen Grade verderbt. Einzelne charakteristische Züge entnehmen wir aus dem zu Anfange des 17. Jahrhunderts geführten eigenhändigen Tagebuch des mecklenburgischen Herzogs Adolf Friedrich: „Bei Heinrich Levetzow's Hochzeit (1612) hat der junge Bassewitz von einem Kardorff Maulschellen empfangen." „Den 8. November (1616), wie ich schlafen gegangen, hat Vollrad Bülow Daniel Block, den Maler, für einen Schelm und Fuchsschwänzer gescholten; der hat ihn aber wieder nicht vergessen, sondern ihn braun und blau geschlagen." „Den 18. Mai (1620) ist Bischof Ulrich von Bützow hier gewesen — wie seine Gewohnheit, gesoffen und schandirt" 2c. Die Unmäßigkeit der Junker im Trinken illustrirt eine noch jetzt zu lesende Grabschrift in der Doberaner Kirche, welche wahrscheinlich aus jener Zeit stammt und also lautet:

> Wieck Düfel, wieck, wieck wiet von my,
> Ick scheer mi nig een Hahr um die.
> Ick būn ein Meckelbörgsch Edelmann,
> Wat geit di Düfel mien Supen an?
> Ick sup mit mienen Herrn Jesu Christ,
> Wenn du Düfel ewig dösten müst
> Un drinck mit öm soet Kolleschahl,
> Wenn du sitzt in der Höllenquahl.
> Drum rahd' ick, wieck, loop, rönn un gah
> Efft bey dem Düfel ick to schlah.

Wie es mit der Beobachtung des sechsten Gebotes aussah, geht am besten aus der mecklenburgischen Polizeiordnung von 1572 hervor, in welcher strenge Strafen gegen die Uebertreter desselben angeordnet worden. Diese Strafbestimmungen werden damit motivirt, daß Sünden wider das 6. Gebot damals unter allen Ständen sehr gemein gewesen seien und dadurch namentlich die Ritterschaft nicht in geringe Verkleinerung und Verachtung bei männiglichen komme, und daß auch zu besorgen sei, daß, wenn den überhand nehmenden Sünden nicht bei Zeiten gesteuert werde, der adelige Stand dadurch in Verfall gerathen werde. Am 19. August 1618 ward Samuel Plessen, welcher mit M. Grube Ehebruch getrieben, sammt dieser hingerichtet. Im Assecurationsreverse von 1621 ward verfügt, daß es in Betreff der „unter denen vom Adel länger mehr zu= und überhandnehmenden Unzucht" im Allgemeinen bei den Strafbestimmungen von 1572 verbleiben solle, daß aber in den Fällen, wo es sich nicht um Leib= und Lebensstrafe handele, den Verwandten der Verbrecherin die „Vermäuerung" derselben gestattet sein solle. Auch die Spielwuth, welche unter den Junkern herrschte, ist durch interessante Urkunden verbürgt.

Die mecklenburgischen Städte suchten durch Schutz= und Trutzbündnisse, welche sie miteinander und mit märkischen und pommerschen Städten abschlossen, sich gegen die adeligen Wegelagerer zu vertheidigen. Im Vertrauen auf diese Bündnisse verschlossen z. B. die Friedländer im Jahre 1436 ihrem eigenen Landesherrn, dem Herzoge Johann, die Thore, machten später den Hasse von Blankenburg und mehrere seiner Helfershelfer zu Gefangenen und ließen sogar im Jahre 1488 den auf frischer That ergriffenen Hans Schwerin köpfen. Das platte Land dagegen war den Räubereien der Junker wehrlos preisgegeben. Ein Theil der Bauern suchte sich freilich dadurch zu sichern, daß er sich unter den Schutz benachbarter Vasallen stellte. Aber was galten Versprechungen in jener Zeit der rohen Willkür? Fanden jedoch die Bauern wirklich den zugesicherten Schutz, so mußten sie ihn später mit ihrer Freiheit erkaufen, denn das vereinbarte Schutzverhältniß führte zu den Frohndiensten, mit welchen die Schutzherren ihre Schützlinge belasteten.

Von dem Ende des 15. Jahrhunderts an traten die ritterlichen Räubereien mehr vereinzelt auf, aber trotz des Kaiserlichen Landfriedens und trotz der Reformation dauerten sie doch noch bis über die Mitte des 16. Jahrhunderts fort. Noch im Jahre

1549 ward von verschiedenen Adeligen ein Straßenraub in der Ribnitzer Haide begangen. Den Rostockern gelang es jedoch, von der Bande 5 Edelleute, Otto und Vollrath von der Lühe, Jasper von Bülow, Curt von Axel und einen von Mühlfeinb einzufangen. Ungeachtet der Herzog Heinrich sich der Wegelagerer annahm und die Stadt, als sie die geforderte Freilassung verweigerte, mit dem Verluste ihrer Privilegien bedrohte, ließen die Rostocker den Vollrath von der Lühe nebst zweien seiner Diener durch den Henker martern und sogar in Gegenwart der fürstlichen Gesandten enthaupten. Außerordentliche Maßregeln wider das Räuberwesen wurden in demselben Jahre von dem Herzoge Heinrich mit den Markgrafen und den Pommerschen Herzögen ergriffen. Aber die Polizeiordnung von 1572 bezeugt, daß trotz des in Mecklenburg publizirten Kaiserlichen Landfriedens noch offene Fehden und Absagungen vorkämen, und bedroht die Friedensbrecher und Wegelagerer mit harten Strafen an Leib und Gut und mit dem Verluste ihrer Lehngüter.

Der vom Bürgerstande ausgehenden Reformation gab zwar auch der mecklenburgische Adel seine Zustimmung. Aber die niedrige sittliche Stufe, welche er einnahm, verbietet schon die Annahme, daß religiöse Motive ihn bewogen hätten, der neuen Lehre zu folgen. Ohnehin existirt kein Beispiel in der mecklenburgischen Geschichte, daß der Adel sich der fortschreitenden Zeit aus innerer Ueberzeugung angeschlossen hätte. Die materiellen Interessen waren es, welche ihn zur Annahme des lutherischen Glaubensbekenntnisses bewogen. Sein wildes genußsüchtiges Leben hatte ihn in tiefe Schulden gestürzt. Vorzugsweise waren Kirchen und Klöster seine Gläubiger. Die Reformation bot ihm nun die willkommene Gelegenheit, sich seiner Schulden ohne Zahlung zu entledigen und gab ihm zugleich einen Vorwand für die Beraubung der Kirchen und Klöster. Im Jahre 1529 unternahmen die von Plessen und andere Eingesessene des Klützer Orts förmliche Raubzüge, wodurch sie sich überdies von einer

Schuld von 37000 Mark befreiten, in die Güter des Bischofes von Ratzeburg. Später riß der Adel auch noch einen beträchtlichen Theil der secularisirten Stiftungen an sich. Das Steuerbewilligungsrecht der Landstände ist im Laufe der Jahrhunderte die Handhabe gewesen, mittelst welcher die Geldverlegenheiten der Fürsten vom Adel für die Erweiterung seiner Privilegien und für die Erlangung materieller Vortheile ausgebeutet wurden. Die Steuerbewilligung war überdies mit keinem Opfer für den Adel verbunden, denn er selbst war steuerfrei und bewilligte die Steuern nicht aus eigenen, sondern aus fremden Taschen, während er die Gegenleistung, ohne zu erröthen, zu seinem ausschließlichen Nutzen verwendete. So geschah es auch im Jahre 1572, wo der Adel die Zahlung der Schulden des Fürsten im Betrage von 400000 Gulden durch Bewilligung einer Steuer dem Volke aufbürdete, wogegen die drei reichen Landesklöster Dobbertin, Malchow und Ribnitz zur christlichen Auferziehung inländischer Jungfrauen den Landständen überwiesen wurden. Es leidet keinen Zweifel, daß nach der Stiftungsurkunde die Klostergüter dem ganzen Lande, das den Kaufschilling aufgebracht hatte, zu Gute kommen und den Ständen nur die Verwaltung derselben zustehen sollte. Aber mit kühnem Griff eignete sich der Adel die Klöster als sein ausschließliches Eigenthum an. Eine Familienkaste, welche sich der „eingeborne Adel" nennt, hat noch jetzt den alleinigen Genuß der Klostergüter mit einem Areal von 8 Quadratmeilen und einem Werthe von eben so vielen Millionen; nur ein kleiner Brosam ist der aus den Bürgermeistern der Städte bestehenden Landschaft zugeworfen, um ihren Einspruch gegen die widerrechtlichen Anmaßungen des Adels zu beseitigen. Fast 400 reiche und arme adelige Fräulein ziehen aus jenen Gütern eine jährliche Summe von 40000 Thlr.; außerdem verschaffen dieselben verschiedenen adeligen Rittern und deren Günstlingen reich dotirte Stellen. Mit dem Gelde des Bürger- und Bauernstandes sind die Klöster gekauft: aber kein bürgerliches Mädchen, mit Ausnahme einiger weniger, meistens Bürgermeistertöchter, hat einen Antheil an den Klosterstellen.

Wir haben gesehen, daß im 14. und 15. Jahrhundert fast aller Grund und Boden in den Händen der Bauern war, daß diese ihre Gehöfte, welche verkäuflich und verschuldbar waren, meistens als erbliche Lehne, theilweise sogar als völlig freies Eigenthum, inne hatten und daß dagegen die Bauern ihren Grundherren zu bestimmten — als Reallast auf dem Acker ruhenden — Abgaben an Geld und Naturalien verpflichtet waren. Von Frohndiensten zur Bestellung des herrschaftlichen Ackers konnte meistentheils nicht die Rede sein, weil eben solcher fast gar nicht existirte; nur die bei den Bauten zu leistenden Burgdienste wurden von ihnen verlangt. Mit dem allmähligen Aufhören des ritterlichen Raubhandwerks änderte sich aber die Sachlage. Die Erträge aus denselben hörten folgeweise auf, und die mäßigen Abgaben der Bauern genügten nicht, den Rittern einen standesmäßigen Unterhalt zu verschaffen. Ueberdies waren sie durch die voraufgehenden Kriege und Fehden, durch ihr schwelgerisches Leben, durch ihre Verschwendung und Spielwuth tief verschuldet. Sie mußten sich daher nach anderen Hülfsquellen umsehen. Zum Theil traten sie in den einheimischen und fremden Staatsdienst, aber dies waren doch verhältnißmäßig nur wenige Die große Mehrzahl lungerte auf ihren Burgen und Schlössern herum, mit scheelen Blicken den mit der zunehmenden öffentlichen Sicherheit wachsenden Wohlstand der Bauern betrachtend. Konnten sie nicht mehr durch offene Gewalt sich fremden Guts bemächtigen, so mußte dies jetzt auf versteckte Weise geschehen. Zuerst beschränkten sie sich darauf, die von den Bauern zu leistenden Abgaben willkürlich zu erhöhen, wobei ihnen zu Statten kam, daß ein Theil der Bauern sich, um der Ausbeutung durch Raub zu entgehen, unter den Schutz der Räuber gestellt hatte. So z. B. war der Schutz des Dargun'schen Klosterguts Gielow dem Ulrich Malzan auf Grubenhagen, etwa in der Mitte des 15. Jahrhunderts, übertragen, wogegen ihm die Bauern einige

Abgaben, auch ihm einmal aus gutem Willen, wofür er ihnen reichlich Speise und Trank gab, Handdienste leisteten. Dies Schutzverhältniß ward später gekündigt, als die dasselbe veranlassenden Raubzüge aus der Mark und Priegnitz in das Mecklenburgische aufgehört hatten. Aber die Herren von Grubenhagen verzichteten nicht auf die Abgabe. Lütke Maltzan nahm ihnen ihr Vieh, als die Gielower Bauern mit Recht die fernere Entrichtung der Abgaben verweigerten, entriß dem Schulzen die Pacht, welche er dem Kloster überbringen wollte und legte den Bauern vier Tage Hofdienst auf. Dies geschah im Jahre 1454. Unter Lütke's Sohn, Wedego, wurden die vier Tage Hofdienst auf acht erhöht und den Bauern Frohnden auferlegt. Als im Jahre 1526 die Grubenhagen'schen Güter in vier Theile getheilt wurden, beanspruchte Dietrich Maltzan, der eine Erbe, drei Wochen Dienste, die andern drei Erben aber jeder eine Woche. Außerdem ward den Bauern auferlegt eine Fuhre nach Stettin, welche sie einmal dem Wedego bittweise geleistet hatten, eine Fuhre Wein von Havelberg und von Rathenow und Weinfuhren nach Lübeck. Ihre Abgaben an Hafer stiegen bald von 8 auf 20 Drömt. Im Jahre 1532 vermehrten sich ihre Herren noch um zwei Personen, welche ihrerseits wieder mannichfache Leistungen in Anspruch nahmen. Nach einem Zeugenverhöre aus dem Jahre 1568 waren die Maltzan früher nur zu drei Personen zur Hasenjagd gekommen, welche eine Tonne Bier und eine Mahlzeit erhielten, nachher aber kamen sie mit 20 Pferden und 20 bis 30 Bauern, welchen die Gielower vollauf geben mußten, und jagten dort bis an den dritten Tag. Im Jahre 1573 leisteten die Gielower Bauern an die Maltzan's 20 Gulden 10 Sch. Pacht, 15 Drömt Hafer, 1 fetten Ochsen, 4 Wochen Burgdienst, das Ablager, die niedere Gerichtsbarkeit, Fuhren nach Lübeck, Hamburg, Lüneburg und Braunschweig, um von dort Salz, Wein oder Bier zu holen, endlich noch die Zulage, wenn ein Maltzan seine Tochter verheirathete oder selbst Hochzeit hielt.

Dies ist nur eins von den vielen Beispielen, welche lehren,

in welcher willkürlichen Weise die Ritter die Abgaben der Bauern erhöhten. Aber die Erhöhung der Abgaben genügte der Habsucht der ersteren nicht. Der steigende Werth des Grund und Bodens erweckte in ihnen das Verlangen, die Bauerhufe zu Hoffeld zu machen und dieses für eigene Rechnung bewirthschaften zu lassen. Eigene Arbeit und eigenes Kapital war nicht erforderlich. Der Bauer war ja da, um mit seiner Person und seinem Inventar den herrschaftlichen Acker zu bestellen. Der Junker konnte dann sein müßiges Leben fortsetzen, während der Bauer für ihn arbeitete, und seine einzige Arbeit bestand darin, dem Bauer mit der Peitsche seine Pflichten auf den Rücken zu schreiben.

Die Einführung des Römischen Rechtes bot dem Junker die erste Handhabe zur Durchsetzung seines habsüchtigen Willens. Als das Faustrecht nicht mehr galt, bedurfte derselbe das Gewand einer Rechtsformel, um damit die Blöße des fehlenden Rechtsbodens zu verdecken. Der Schein mußte gewahrt werden. Dabei kamen ihm die im Römischen Recht ausgebildeten Juristen zu Hülfe, welche bei ihrer Unkenntniß der einheimischen Rechtsinstitute diese auf Römische Rechtsprincipien zurückführten und wo sie weder Merkmale des Eigenthums noch der Emphyteuse zu finden glaubten, allein die Analogie der Zeitpacht zur Anwendung brachten. Die Dinglichkeit des Rechtes an dem Bauerngut ward verneint und die bestehende Erblichkeit nur als eine faktische anerkannt.

Der große Konflikt, welcher nunmehr zwischen den Junkern und den Bauern ausbrach und mit der völligen Niederlage der letzteren endigte, begann damit, daß erstere verlangten, es sollten die Bauern ohne Vorwissen ihrer Obrigkeit ihre Hufen nicht zertheilen oder von einander reißen. Die Junker erreichten ihre Absicht durch die Polizeiordnung von 1562, in welche eine solche ausdrückliche Bestimmung aufgenommen ward. In der Polizeiordnung von 1572 ward diese Bestimmung mit dem wichtigen Zusatze wiederholt, es solle jedoch einer jeden Obrigkeit unbenommen sein, ihre Güter und Hufen nach ihrer Gelegenheit und Besten zu verändern; außerdem ward den Bauern verboten, ohne ihrer Obrigkeit Vorwissen ihre Güter zu verpfänden und zu veräußern. Römische Rechtslehrer, unter Anderen der Kanzler Husanus und der Kanzler Cothmann, sowie später Mevius vertheidigten die ausgesprochenen Grundsätze. Aber die Bauern widersprachen jener Römischen Auffassung der bäuerlichen Verhältnisse und ihre Sachwälte nahmen ihre Vertheidigungswaffen wider die Klagen der Grundherrschaften gleichfalls aus dem Römischen Recht, indem sie ein dingliches und erbliches Recht an ihren Gütern beanspruchten und dieses auf die Römischen Grundsätze über die Emphyteuse und die Verjährung gründeten. Daß auch die mecklenburgischen Gerichte mit der Rechtsauffassung der Bauern übereinstimmten, beweist ein Reichshofrathsconclusum aus jener Zeit, in welchem dem Land- und Hofgerichte und den Justizkanzleien anbefohlen ward, die Landbegüterten zu Gunsten der Bauern nicht zu beeinträchtigen. Der Schutz, welchen die Gerichte den Bauern gewährten, rief eine Beschwerde der Stände auf dem Landtage von 1606 hervor, in welcher sie, auf frühere Constitutionen sich berufend, die Erneuerung derselben verlangten, damit den vielen Bauern, welche sich wegen dessen, was sie an Hufen eine Zeit her inne gehabt, sich des emphyteutischen Rechts rühmten, diese Einrede abgeschnitten werde. Hierauf erfolgte im Jahre 1608 eine im Allgemeinen günstige Antwort des Landesherrn, in welcher er anerkannte, daß die Bauern coloni und nicht emphyteutae wären, wenn auch gleich deswegen keine Verordnung wäre, doch müßten besondere Contracte mit denselben gelten. Weitere Verhandlungen über diesen Gegenstand erfolgten auf den Landtagen von 1609, 1610, 1620 und 1621. Das Ergebniß derselben enthält der berüchtigte 16. Artikel des Assecurations-Reverses vom Jahre 1621, in welchem verordnet ward, daß die Bauersleute ihre Hufen, Aecker und Wiesen, dafern sie keine Erbzinsgerechtigkeit oder dergleichen nachzuweisen vermöchten, den Eigenthums-Herren, auf vorhergehende Loskündigung, ohne Rücksicht auf unvordenkliche Verjährung, unweigerlich abzutreten und einzuräumen schuldig sein sollen.

So ward denn den Bauern die bisherige unzweifelhafte Rechtsbasis, daß ihre Familien seit unvordenklichen Zeiten im Besitz der Hufen gewesen waren, widerrechtlich genommen und die in den früheren Rechtsverhältnissen begründete rechtliche Präsumtion für die Dinglichkeit und Erblichkeit ihres Rechtes willkürlich beseitigt. Die unvordenkliche Verjährung ist das für den Einzelnen, was das Gewohnheitsrecht für das Allgemeine. Die Berufung auf letzteres so wenig wie auf erstere darf der Gesetzgeber ausschließen, wenn er nicht mit den ersten Fundamentalsätzen des Rechts in Widerspruch gerathen will. Die Bauern sollten von nun an das erbliche und dingliche Recht an ihrer Hufe beweisen. Da schriftliche Contrakte in damaliger Zeit regelmäßig nicht existirten, so vermochte er seine Ansprüche fast nur durch die Berufung auf den unvordenklichen Besitz geltend zu machen, aber gerade diese ward ihm durch das Gesetz genommen. Damit war das Schicksal der Bauern der Gnade und Willkür ihrer Herren erbarmungslos preisgegeben. Die Geschichte der vorangegangenen Jahrhunderte legt Zeugniß davon ab, wie die Junker durch Raub und offene Gewalt an fremdem Eigenthum sich vergriffen haben. Aber der frechste und lohnendste communistische Griff war es, als sie, nicht mit den Waffen in der Hand und mit dem Rechte des Stärkeren, sondern als Gesetzgeber und mit niedriger List, durch den erwähnten Artikel 16 — jenes schmachvolle Blatt in dem Buche der mecklenburgischen Geschichte — den zahlreichen ritterschaftlichen Bauernstand seiner Rechte beraubten und die fast unbeschränkte Disposition über den durch die Arbeit des Bauern in Cultur gesetzten Grund und Boden gewannen. Der pure Eigennutz der Junker trat um so greller hervor, als sie in demselben Assecurationsreverse Artikel 29 ihren eigenen Grundbesitz durch 30jährige Verjährung vor aller Anfechtung sicher stellten, während der Bauer sich nicht einmal auf die unvordenkliche Verjährung berufen sollte. Diesem Widerspruche, welchen die Bauern ihren Herren vorwarfen, boten diese ohne Schaam die ritterliche Stirn mit den hohnlachenden Worten: Ja, Bauer, das ist was anderes!

Dieser Eingriff in die geheiligten Rechte der Bauern konnte natürlich nicht ohne Mitwirkung des Landesherrn und der Städte, welche, repräsentirt durch ihre Bürgermeister, neben der Ritterschaft das Landstandschaftsrecht ausüben, bewerkstelligt werden. Aber die Geldverlegenheit des Fürsten ward auch hier wieder benutzt, um die Zustimmung desselben zu dem Willküract zu erreichen. Gegen Bewilligung von zehnmalhunderttausend Gulden zur Deckung seiner Schulden überlieferte der Fürst den Rittern die Bauern, und diese selbst mußten, da der Ritter steuerfrei war, in Gemeinschaft mit den Bürgern die Million, für welche sie verkauft wurden, aus ihren Taschen aufbringen. Die Bürgermeister in den Städten aber waren von jeher die gehorsamen Diener der Ritterschaft, sei es aus Kurzsichtigkeit, sei es aus Eigennutz. Jene betrachteten, zum großen materiellen Nachtheile ihrer Communen, die Conflikte der Ritter mit den Bauern als eine häusliche Angelegenheit ihres gefürchteten Mitstandes, in welche sie sich nicht zu mischen hätten. Die Bauern selbst waren damals so wenig, wie jetzt, auf dem Landtage vertreten, und so mußte der Conflikt nothwendig zu ihren Ungunsten enden. Wie ganz anders entwickelten sich dagegen in der **Mark Brandenburg zum ewigen Ruhme der Hohenzollern und der brandenburgischen Städte** die Verhältnisse der Bauern! Auch dort ging das Bestreben der Ritterschaft dahin, die Bauern einzuziehen. Aber die Hohenzollern stützten sich seit dem Beginn ihrer Herrschaft auf den Bürger- und Bauernstand und brachen mit dessen Hülfe die Macht der Ritterschaft. Schon seit dem Anfange des 16. Jahrhunderts verhinderten sie durch wiederholte strenge Strafgesetze die Mehrbelastung der Bauerhöfe und das Einziehen derselben. Und die Städte stützten die Fürsten in ihren Bestrebungen für die Erhaltung des Bauernstandes, indem sie gegen die Absicht der Ritter, die Bauern einzuziehen, auf dem Landtage feierlich protestirten, „weil ihr Nahrungsstand darunter litte." —

Die freie Verfügung über die Bauerhufen konnte aber den Rittern nichts helfen, wenn sie sich nicht zugleich der Person des Bauern versicherten. Die Arbeitskräfte des Hofgesindes reichten natürlich bei weitem nicht aus, um das durch das eingezogene Bauerngut vermehrte Hoffeld zu bestellen. Deßhalb ward die Theorie, daß die Bauern an die Scholle gebunden seien und ungemessene Dienste zu leisten hätten, erfunden und zur praktischen Geltung gebracht. Während der Bauer sich für die Erblichkeit seines Rechtes an der von ihm bebauten Hufe auf den unvordenklichen Besitz berief, folgerte der Ritter gerade umgekehrt, daß der Bauer als Theil der Hufe zu betrachten sei. Die Anfänge der Leibeigenschaft und der damit verbundenen Verpflichtung zu Frohndiensten zwecks Bestellung des herrschaftlichen Ackers fallen in die Zeit, wo, wie wir vorhin gesehen, die Ritter das Schutzverhältniß, in welches ein Theil der Bauern sich zu seiner Sicherheit begab, zum Vorwande nahmen, um sich der Arbeitskräfte der Bauern in erhöhtem Maße zu bemächtigen. Aber die Leibeigenschaft war doch nur eine vereinzelte. Keinen Falls waren ursprünglich die eingewanderten deutschen Bauern derselben unterworfen und höchstens mögen die unterjochten und verachteten Slaven in einem solchen Verhältniß zu ihrem Grundherrn gestanden haben. Auch lag, so lange fast alles Grundeigenthum sich in den Händen der Bauern befand und der Ritter kein Hoffeld und keinen eigenen landwirthschaftlichen Betrieb hatte, kein Anlaß vor, die Bauern zu anderen Frohnden als Burgdiensten herbeizuziehen. Als aber die Ritter in Folge der angegebenen Ursachen sich dem Betriebe der Landwirthschaft für eigene Rechnung zuwendeten und die Hoffelder aus eingezogenen Bauerländereien errichteten, da bedurften sie der Frohndienste der Bauern zur Bestellung des Hoffeldes. Die Wirthschaft mit eigenen Arbeitern war damals den Rittern noch unbekannt. Der Bauer mußte die ihm geraubten und zu Hoffeld geschlagenen Ländereien mit Hand und Gespann selbst bestellen und die Früchte seiner Arbeit für seinen Herrn einernten. Die Herren zögerten nun nicht, von dem Artikel 16 einen umfassenden Gebrauch zu machen und mit Bauerngut ihr Hoffeld zu vergrößern. Noch mehr aber als der Artikel 16 der Reversalen wirkten die Verwüstungeu des 30jährigen Krieges auf die Vergrößerung der Hoffelder. Ganze Dorfschaften wurden eingeäschert oder von den Besitzern verlassen und die Bevölkerung ward im Laufe des Krieges mehr als decimirt. Die herrenlosen Bauerhufen wurden entweder vom Fürsten in Besitz genommen oder den nächstbelegenen Ritterhöfen zugeschlagen. Auch andere Landgüter kamen in Folge des Krieges und der nach demselben massenhaft ausbrechenden Concurse in die Hände der größeren und reicheren Grundbesitzer. Auf diese Weise entstanden denn die großen Hofwirthschaften. Mit dem Wachsen der Höfe und der Verminderung der Bauern wuchsen aber gleichzeitig die Frohndienste der übrig bleibenden. Man suchte freilich hie und da durch Tagelöhner den durch den Krieg herbeigeführten Mangel an Arbeitskräften zu ersetzen. Aber dieselben genügten den vermehrten Anforderungen bei weitem nicht. Der Bauer ward deshalb bis zum äußersten Maß seiner Kräfte zur Bestellung der großen Hofäcker herangezogen.

Die den Bauern auferlegten harten Frohndienste hatten ihn thatsächlich bereits zum Leibeigenen seines Grundherrn gemacht. Aber auch die Gesetzgebung zögerte nicht, das, was thatsächlich schon bestand, zum formellen Recht zu erheben. Vor allem suchte sie die Gefahr zu beseitigen, daß der Bauer sich den Frohndiensten, die wegen des entstandenen Arbeitermangels einen erhöhten Werth erhalten hatten, durch die Flucht entzöge. Bereits in den Reversalen von 1621 ward verfügt, daß die in die herzoglichen Aemter ausgetretenen ritterschaftlichen Bauern ihren Herren wieder ausgeliefert werden sollten. Nachdem in den herzoglichen Verordnungen von 1633 und 1646 der Dienstzwang der Bauern, welcher nicht blos in dem Prügelrecht, sondern überhaupt in dem Rechte des Herrn bestand, die Dienste des Leibeigenen zu erzwingen und namentlich ihn aus der Fremde zu seiner ihn beherrschenden Scholle zurückzurufen, — ausgesprochen war, ward in der Gesinde= und Tagelöhnerordnung von 1654 verordnet, daß die Bauersleute und Unterthanen sich ohne Vorwissen ihrer Obrigkeit nicht verloben oder verheirathen sollten, weil sie ihrer Herrschaft nach dem Landesgebrauch mit Knechtschaft und Leibeigenschaft sammt ihrem Weib und Kindern verwandt und daher ihrer Person selbst nicht mächtig seien; daß, da das heimliche Entlaufen der Unterthanen von Tag zu Tag mehr zunehme und solchem gottlosen, boshaftigen Wesen nicht länger zuzusehen sei, so sollten solche böse, meineidige Buben aus anderen Ländern wieder hereingebracht und mit Staupenschlage, nach Befinden mit Leib= und Lebensstrafen belegt werden.

„So war denn", wie Ernst Boll treffend hervorhebt, „die Sclavenkette geschmiedet, welche unsere Bauern bis vor wenigen Jahrzehnten zu schleppen hatten. Ihre Lage wurde nun so, wie Claudius dieselbe in dem „‚Neujahrswunsch des lahmen In=validen Görgel'" bezeichnet hat:

„‚Gehn viele sehr gebückt, und welken
In Elend und in Müh,
Und andre zerren daran und melken,
Wie an dem lieben Vieh.
Und ist doch nicht zu defenbiren
Und gar ein böser Brauch;
Die Bauern gehn ja nicht auf Vieren,
Es sind doch Menschen auch.'"

Sie hörten jetzt, von einem gewissen juristischen Standpunkte aus, in der That auf, als Menschen angesehen zu werden und wurden nur zu den Sachen gerechnet. Als solche durften sie mit dem Gute, welchem sie angehörten, verpfändet und verkauft werden, und ihr Loos war gesetzlich nur insofern günstiger als das der Negersclaven, daß es verboten war, sie einzeln, wie ein Stück Vieh, in öffentlicher Auction meistbietend zu verkaufen; unter der Hand geschah es aber nach der Versicherung des Me=vius und Scharf (Mantzel), zweier Juristen, welche über die mecklenburgische Leibeigenschaft geschrieben haben, sehr gewöhnlich, daß man mit den Leibeigenen, wie mit Pferden und Kühen, Handel trieb. Sie waren fortan völlig besitzlos, denn die Hufe, das Gehöft und das Inventarium (Hofwehr) gehörten dem Grundherrn, und wenn auch, grundsätzlich dasjenige, was der Bauer noch über die Hofwehr erwerben sollte, sein Eigenthum sein sollte, so wird man leicht ermessen können, auf welches Minimum dies zurückgeführt wurde, wenn man dabei erwägt, daß der Bauer verpflichtet war, nach eigenem Vermögen das ihm von seinem Herrn anvertraute Eigenthum im gehörigem Stande zu erhalten."

Die Leibeigenschaft war schlimmer als die römische Sclaverei. Der Leibeigene verfiel der Scholle — glebae adscribitur — der römische Kriegsgefangene ward Sclave der Person. Dieser hatte seinen Herrn, der ihn ein für alle Mal freilassen konnte. Der Schollenbesitzer dagegen konnte dem Leibeigenen die Freiheit nur auf so lange geben, als er Grundherr war. Die Leibeigenschaft ergriff ihrer Entstehung nach die Familie, die römische Sclaverei nur die Person.

Die Dienste der Leibeigenen waren theils bestimmte, theils ungemessene. Die wesentlichen Beschränkungen der letzteren bestanden, wie der Jurist Tornow höchst gelehrt auseinandersetzt, für den Leibeigenen in der Möglichkeit, die verlangten Dienste zu leisten (ultra posse nemo obligatur), und in der Freilassung, für sich und die Seinigen den nothwendigen Lebensunterhalt zu erwerben, mindestens die Nachtruhe müsse ihm gelassen werden. Daß dem Bauern zum Theil kaum das nackte Leben gelassen ist, geht aus einer von dem Geschichtschreiber Klüver angestellten Berechnung über die Einnahmen und Ausgaben der Bauern hervor. Nach derselben wird die Einnahme aus einer Bauerhufe von 100 Scheffel Aussaat Rostocker Maß mit 20 Fuder auf 61 Thlr. 32 ß., die nothwendige Ausgabe aber, wobei die zu zahlende Contribution noch außer Anschlag bleibt und an Victualien nur 5 Thlr. für Häringe, Stockfische und Salz gerechnet werden, zu 63 Thlr. 40 ß. veranschlagt.

Rücksichtlich der bestimmten oder regelmäßigen Dienste, welche übrigens nicht überall gleichmäßig waren, ward angenommen, daß der Inhaber einer Hufe von der angegebenen Größe mit 4 Pferden, 2 Ochsen, 1 Knechte und 1 Dirne täglich zu Hofe dienen müsse. Ferien gab es für Gesunde nur an Sonn= und Festtagen. Die Ferien, welche sich bei Todesfällen und Geburten mißbräuchlich eingeschlichen hatten, wurden durch herzogliche Verordnungen wieder aufgehoben. Der die Bauern begünstigende Herzog Carl Leopold bestimmte, daß, wenn ein Hauswirth stirbt, die Wittwe und Kinder auf zwei Wochen von dem gewöhnlichen Hofdienste (jedoch mit Ausnahme der Ernte) befreit sein sollen; stirbt die Frau, so dauert die Dispensation nur eine Woche; stirbt aber ein Kind, so wird nur der Begräbnißtag freigegeben; kommt endlich die Frau ins Kindbett, so hat die Familie zwei freie Tage. Im übrigen befreite nur Krankheit und Altersschwäche vom Dienste. Die Arbeitskraft der Frauen wurde aber noch länger ausgenutzt als die der alten Männer, indem man jene noch immer zum Spinnen von Heede verwenden konnte. Deshalb besingt denn auch die mecklenburgische Volkspoesie das Lob der Frauen mit den Worten:

'ne olde Frouw und 'ne olde Koh,
de sind noch wortho; —
een olde Mann und 'n oldes Pierd,
de sind nichts mihr wierth!

Das Strafamt wider die im Dienste widersetzlichen und säumigen Bauern ward vom Herrn selbst ausgeübt. Er hatte das Recht, sie auszupeitschen und zu prügeln, sie einzustecken, auf den Esel zu setzen und sogar aus den Gehöften auszutreiben. Auch ein bei den Chinesen noch jetzt sehr beliebter Strafakt war nicht ungebräuchlich, das in die Ganten Legen, eine Art von Pranger, der sich dadurch charakterisirte, daß der Delinquent mit den Händen und Füßen in den Block gelegt und so zur Schau gestellt ward.

Die so den Launen und der Willkür ihrer Herren völlig preisgegebenen Bauern konnte das Gesetz, welches jede tyrannische

Behandlung der Leibeigenen verbot, kaum schützen. Juristen, wie Tornow, warnten noch dazu die Richter, den Klagen der Leibeigenen allzuleicht ihr Ohr zu leihen. „Aber wenn der Herr in der Bestrafung der Leibeigenen das Maaß überschreite, wenn er sie mit tödtlichen Waffen angreife, sie verwunde, sie zu hart körperlich züchtige, sie in scheußliche Gefängnisse sperre, sie strenger, als die Gerechtigkeit erlaube, bestrafe, ihre Frauen und Töchter nothzüchtige, oder andere ähnliche Exzesse begehe, — dann müsse ihn allerdings eine Strafe treffen, obgleich die Strafe der Lehnsentziehung unzulässig erscheine."

Nach einem noch vorhandenen Hufen= und Erbenverzeichniß existirten im Jahre 1628 in Mecklenburg, mit Ausschluß der Fürstenthümer Ratzeburg und Schwerin, mehr als 14,300 ritterschaftliche Bauern. Der Bericht des Engeren Ausschusses vom 17. September 1847 sagt zwar, daß dieser Hufencataster kein ganz zutreffender sei, weil derselbe nach dem Erachten des Engeren Ausschusses vom 7. September 1830 sich nur auf die Steuerverhältnisse und nicht auf die besetzten Hufen bezöge, deren sich oft mehrere in einer Hand befunden hätten, und weil die Hufenzahl in der Wirklichkeit eine geringere gewesen sei. Jener Bericht räumt aber selbst ein, es gehe doch so viel daraus hervor, daß die Zahl der damaligen Bauern sehr beträchtlich gewesen wäre. Die bereits erwähnte landschaftliche Erklärung vom Jahre 1821 und neuerdings der ministerielle „Norddeutsche Correspondent" veranschlagen die Zahl der damaligen ritterschaftlichen Bauern auf mehr als 12,000. Nach dem „Norddeutschen Correspondenten" von 1860 Nr. 184 waren mehr als 20 Jahre nach dem 30jährigen Kriege noch etwa 12,000 ritterschaftliche Bauerhufen vorhanden, woraus derselbe den Schluß zieht, daß die spätere erschreckliche Abnahme der Bauern durch Einziehung und nicht durch äußere Drangsale und Kriegsläufte herbeigeführt sei. Wir haben keinen Grund, die Richtigkeit dieser auf Actenstücke sich stützenden furchtbaren Anklage des Regierungsorgans wider die Ritter zu bezweifeln. Es ist allerdings richtig, daß der 30jährige Krieg die Zahl der Bauern in erheblicher Weise verringert hat. Aber ein Theil derselben wird schon im Jahre 1628 dahingerafft sein." Sodann ist zu beachten, daß der Krieg manche kriegslustige Leute von außen herbeizog, welche nach Beendigung desselben das Schwert mit dem Spaten vertauschten, daß die flüchtigen Bauern nach dem Frieden theilweise zurückkehrten und daß die Grundherren nach demselben alles gethan haben werden, um neue Arbeitskräfte wieder ins Land zu ziehen. Wir müssen immer festhalten, daß der Betrieb der Hofwirthschaft durch Tagelöhner den Rittern zu jener Zeit noch unbekannt war und daß diese Benutzungsart des Hofackers, wie die angezogene landschaftliche Erklärung sehr richtig bemerkt, dem Recht und der vaterländischen Verfassung, wonach der Grundherr das Gut nicht unmittelbar durch eigene Cultur, sondern nur mittelbar durch eigene Cultur benutzen konnte, entgegen war. Es lag daher damals auch gar nicht im Interesse der Grundherren, die Zahl der Bauern zu verringern, im Gegentheil, sie mußten darauf Bedacht nehmen, den durch den Krieg entstehenden Ausfall wieder zu decken, weil ohne die Bauern der Hofacker überall nicht bewirthschaftet werden konnte. Darum ward auch der ominöse Artikel 16 der Reversalen nicht dazu benutzt, die Bauern ganz zu vertreiben, sondern nur, ihnen einen Theil ihrer Aecker zu nehmen, um damit das Hoffeld zu vergrößern.

Ein entgegengesetztes Interesse aber hatten die Grundherren, als seit dem Anfange des 18. Jahrhunderts die verbesserte holsteinische Koppelwirthschaft, anstatt der bisherigen sogenannten Dreifelderwirthschaft, in Mecklenburg zur Geltung kam und dieselben zu der Erkenntniß gelangten, daß sie auch mit eigenen Arbeitern ihre Güter bewirthschaften konnten. Die holsteinische Koppelwirthschaft, zuerst im Jahre 1700 durch den Oberforstmeister von der Lühe in Mecklenburg zur Anwendung gebracht, erhöhte den Ertrag des Grund und Bodens um das zwei- und dreifache des bisherigen Ertrages und ward hier im Laufe des 18. Jahrhunderts allgemein eingeführt. Dieser Fortschritt in der

Ackerkultur war aber für die Bauern von verhängnißvoller Bedeutung. Durch den höheren Ertrag, welchen die neue Wirthschaftsmethode gewährte, ward die ritterliche Habsucht aufs äußerste angespornt, sich der Baueräcker zu bemächtigen. Die Bauern wurden nun auf Grund des Artikel 16 der Reversalen aus ihren Gehöften vertrieben, und diese wurden zum Hoffelde geschlagen, um damit dieses zu arrondiren und die erforderliche Größe für die Koppelschläge zu gewinnen. Entweder verlegte man die Bauern auf die schlechten Außenländereien, auch nach anderen Gütern, während die Frohndienste dieselben blieben, oder ihre Hufen wurden gänzlich eingezogen und sie selbst zu Tagelöhnern gemacht. Für die gänzliche Einziehung des Bauern und dessen Degradirung zum Tagelöhner kam der Kunstausdruck „Legung" oder quasi castratio auf. Diese Bezeichnung ward bildlich gebraucht. Wie man den Hengst zur castratio niederlegt, so legt man den Bauern, um durch quasi castratio einen Tagelöhner aus ihm zu machen. Vom Ende des 18. Jahrhunderts an nannte man dies Verfahren auch das „Abschlachten der Bauern", ein Ausdruck, der zwar kein angenehmes Bild erweckt, aber die Brutalität und die rohe Willkür, mit welcher der Junker den Bauern gegenüber verfuhr, in treffender Weise bezeichnete. Die preußischen Junker mögen sich die wahre Bedeutung dieses Ausdrucks merken, den sie so oft in verkehrtem Sinne auf die ausgekauften Bauern in Preußen angewandt haben. Der preußische Bauer, welcher seine Hufe verkauft hat, ist dazu nicht gezwungen: er hat nur von dem ihm eingeräumten freien Verfügungsrecht Gebrauch gemacht, wenn er den offerirten Kaufpreis annahm. In Mecklenburg aber sind den Bauern ihre Hufen gewaltsam genommen, geraubt, kein Aequivalent ist ihnen dafür geboten. Das ist die wirkliche „Bauernschlächterei." Die Brüder der preußischen Junker, die mecklenburgischen Junker, das sind die wahren „Bauernschlächter!"

Nachdem in den 30er und 40er Jahren des 18. Jahrhunderts die Ritterschaft in ihren langjährigen Streitigkeiten mit dem Herzoge Carl Leopold mit Hülfe ihrer Intriguen in Wien und der Kaiserlichen Executionstruppen über den Herzog, der im Verein mit den Bauern die Ritterschaft bekriegte, triumphirt hatte, da fiel jeder Damm, welcher früher noch der praktischen Anwendung des Art. 16 entgegenstand. Die Legungen der Bauern geschahen so massenhaft, daß zur Zeit des Erbvergleichs von 1755 nur noch 4900 ritterschaftliche Bauern in Mecklenburg-Schwerin übrig blieben. Mehr als 7000 waren etwa in 50 Jahren abgeschlachtet und zu Tagelöhnern gemacht!

Jener Sieg des Feudalismus über die landesherrliche Macht ist für unsere gesammten staatlichen, insbesondere für unsere bäuerlichen Verhältnisse von entscheidendem Einfluß gewesen. Im übrigen Deutschland brach das monarchische System die Macht und die Vorrechte der kleinen Herren, wovon die Folge war, nicht allein, daß die Bauern von dem Untergange gerettet wurden, sondern auch, daß das Recht des Individuums zur Geltung kam und der Durchgangspunkt für den modernen Constitutionalismus geschaffen wurde. Umgekehrt hatte der Sieg des mecklenburgischen Junkerthums zur Folge, daß die Vorrechte desselben durch den Erbvergleich von 1755, in welchem die langen Streitigkeiten zwischen dem Landesherrn und den Ständen ihren Abschluß fanden, neu bekräftigt und die noch vorhandenen Bauern abermals ihren Unterdrückern wehrlos überliefert wurden.

Die Legungen der Bauern und die Einschreitungen Carl Leopolds zu deren Verhütung führten Differenzen herbei, welche durch das Reichshofrathsconclusum vom 19. Oktober 1724 ihre Erledigung dahin erhielten, daß es bei dem Artikel 16 der Reversalen das Bewenden behalte und die Gerichte angewiesen wurden, die Landbegüterten dem zuwider nicht zu beeinträchtigen. Verboten ward nur, daß Adelige und Landbegüterte sofort eigenmächtig (propria authoritate et sine causae cognitione) die Bauern vertreiben und verstoßen. Diese in Beihalt der Reversalen von 1621 gebildete Kaiserliche Entscheidung ist in den Erbvergleich von 1755 übergegangen und stimmt damit völlig überein. Außerdem wird in dem Erbvergleich das „landsittliche

Eigenthumsrecht" der Ritterschaft "über ihre Leibeigenen Guts=
unterthanen und deren innehabendes Ackerwerk und Gehöfte" aus=
drücklich anerkannt. Nur die eine Beschränkung wird hinzuge=
fügt, daß die gänzliche Niederlegung der Dörfer und Bauern=
schaften, aus welcher Verarmung und Verminderung der Unter=
thanen entsteht, ohne Vorwissen des Engeren Ausschusses und
ohne Genehmigung des Landesherrn verboten sein soll. Ein in
dem ersten Vergleichsplan enthaltener Zusatz, wonach jene Be=
schränkung auch "auf mehrere Hufen= und Hofstellen" Anwen=
dung finden soll, ward weggelassen.

Der 7jährige Krieg, der durch die Fälschungen der Münzen,
deren Gehalt um hundert, ja theilweise um mehrere hundert Pro=
cent zu gering war, entstehende Verlust, die Calamität einer
Viehseuche und der Luxus der Grundbesitzer stürzten diese der=
maßen in Schulden, daß im Jahre 1768 ein Landesindult ver=
kündigt ward. Um ihren zerrütteten Vermögensumständen wieder
aufzuhelfen, mußten die Bauern herhalten. "Gemeiniglich haben
diejenigen" — so heißt es in einem Bericht des im Jahre 1756
zur Regierung gelangten Herzogs Friedrich an den Kaiser —
"welche ihr Dorf oder ihre Bauerschaften gänzlich niederlegen,
sich schon so tief in Schulden gesetzt, daß sie sich nicht mehr hal=
ten können, wofern sie nicht den unter ihnen stehenden
Bauern das Brod nehmen." Deßhalb suchten die Junker
die ihnen lästige Beschränkung des Erbvergleichs durch Interpre=
tation zu beseitigen, indem sie die betreffende Bestimmung ganz
willkürlich dahin auslegten, daß nur dann die Legung von gan=
zen Dörfern verboten sei, wenn Verarmung oder Verminde=
rung der Unterthanen daraus entstehe. Nach Schlözer's Staats=
anzeiger wurden von Zeit des Abschlusses des Erbvergleichs bis
zum 31. Dezember 1782 49 Dörfer mit 165 Bauern wider die
Bestimmung im Erbvergleich gelegt. Endlich ging der Her=
zog Friedrich mit fiscalischen Klagen wider die Uebertreter her=
vor und erwiderte im Jahre 1778 auf eine Beschwerde des En=
geren Ausschusses, welcher eine authentische Interpretation der

betreffenden Gesetzesstelle nachsuchte, daß es derselben nicht bedürfe, weil die streitigen Worte „aus welcher Verarmung und Verminderung der Unterthanen entsteht" nicht eine Bedingung enthielten, sondern nur erklärend hinzugefügt seien. Der Reichshofrath, bei welchem die Stände sich darauf beschwerten, bestätigte die landesherrliche Entscheidung.

Aber die Ritter wußten trotz dieser Entscheidung die beschränkende Bestimmung des Erbvergleichs zu umgehen. Anstatt ein ganzes Dorf auf einmal zu legen, legte man in jedem Jahre einzelne Bauern und erreichte so allmälig seinen Zweck. Die öffentliche Meinung ward in Schriften zu Gunsten der Bauerlegungen bearbeitet und man suchte die Vortheile der Legung ganzer Dörfer nicht allein für den Staat und Eigenthümer, sondern sogar für den Bauern, der allerdings nicht viel mehr zu verlieren hatte, vom wirthschaftlichen Standpunkte aus nachzuweisen. In dieser Beziehung zeichnete sich besonders ein Pastor Tiburtius aus, der seinen geistlichen Brüdern in den nordamerikanischen Südstaaten, welche die Nothwendigkeit der Sclaverei mit Bibelstellen vertheidigen, als wackeres Vorbild empfohlen werden kann. Nachdem er die Vortheile der Bauernlegungen aufgezählt hat, fügt er hinzu, es bemächtige sich der Bauern bei ihrer unfreiwilligen Verwandelung in Tagelöhner zwar eine große Niedergeschlagenheit, aber das käme nur von der Neuheit der Lage, sie würden es bald gewohnt 2c.

Wenn in der ersten Zeit nach dem 7jährigen Kriege die Grundherren vorzugsweise durch die Noth zur Einziehung ihrer Bauern bestimmt wurden, so war es später die reine Gewinnsucht, welche sie zu diesem Schritte veranlaßte. Die Calamität, in welcher sie sich nach dem 7jährigen Kriege befanden, dauerte bis zu den Jahren 1775 und 1776, in welchem Zeitraum nicht weniger als der achte Theil aller Güter in Concurs gerieth. Von da an aber trat namentlich in Folge mehrerer guten Ernten, der Aufhebung des Indults, durch welchen aller Credit aufgehört hatte, des amerikanischen Krieges, welcher eine große Nachfrage nach

Korn, Holz und Taback schuf, und des immermehr in Aufnahme kommenden Kartoffelbaues, bei dem man viel Korn, was sonst für den eigenen Haushalt verwendet wurde, für den Verkauf ersparte, eine bessere Periode ein. Nach der französischen Revolution erreichten die Güterpreise eine fabelhafte Höhe. Der Brotmangel in Frankreich und die Nachfrage nach Korn in England hatten ein ansehnliches Steigen der Preise desselben veranlaßt. Geld strömte vom Auslande herbei, um in mecklenburgischen Landgütern angelegt zu werden. Namentlich sandten die zahlreichen nach Hamburg geflüchteten Franzosen und Holländer ihre großen Kapitalien nach Mecklenburg, um gegen Hypothek in ritterschaftlichen Gütern untergebracht zu werden. Das dadurch hervorgerufene Sinken des Zinsfußes und das Steigen der Kornpreise lockte die Spekulation an und diese trieb die Güter weit über ihren wahren Werth in die Höhe. Es trat für Mecklenburg eine Zeit ein, welche dem Law'schen Schwindel in Frankreich in mancher Beziehung ähnlich war. In kurzer Zeit wechselten die Güter mehrmals ihre Besitzer und die Spekulanten gewannen oft in wenigen Tagen durch Kauf und Verkauf von Gütern fabelhafte Summen. Dieser Schwindel kam aber den armen Bauern theuer zu stehen. Sie wurden massenhaft gelegt, um höhere Preise aus den Gütern zu erzielen. Die Zahl der ritterschaftlichen Bauern, welche zur Zeit des Abschlusses des Erbvergleichs, wie angegeben, noch 4900 betrug, war im Jahre 1794 im Schwerinschen auf 2490 und mit Ausschluß der Bauern in den Klostergütern, den Kämmerei- und Oekonomiegütern und den rostocker Distriktsgütern, auf 1953 zusammengeschmolzen. In dem kurzen Zeitraum von 1797 bis 1800 wurden 125 Bauerstellen vom Erdboden weggefegt. Im Strelitzschen existirten im Jahre 1798 nur noch 155 ritterschaftliche Bauern. "Nicht eine Schlacht, ein Schlachten war's zu nennen."

Unparteiische Zeitgenossen, deren Urtheile in Boll's Geschichte sorgfältig zusammengestellt sind, entwerfen ein schauerliches Bild von der Lage, in welcher sich die Bauern in der zweiten Hälfte des vorigen und im Anfange dieses Jahrhunderts befanden.

von Engel, selbst ein mecklenburgischer adeliger Grundbesitzer, aber ein Aristokrat im besten Sinne des Worts, theilt in einer im Jahre 1783 veröffentlichten Schrift den Brief eines hannöverschen Kammer- und Finanzraths von K. mit, in welchem dieser sich beklagt, daß die Landwirthe in Mecklenburg ihren Bauern und Unterthanen zu viele Vortheile einräumten. Kein vernünftiger Mensch könne bezweifeln, daß die Unterthanen der Herren wegen da wären. Deßhalb genüge es, wenn sie so viel hätten, als zur Erhaltung des Lebens, um ihnen die schuldigen Dienste zu leisten, unentbehrlich nothwendig sei. Denn hätten sie ein Mehreres, so würden sie frech und übermüthig. Was brauchten die Unterthanen weiter, als ein Stück grobes Brot, eine Kerbe gesalzenen Häring, Kartoffeln, Kohl und was etwa ein kleiner Garten sonst hervorbringe? Könnten sie sich dabei nur einiger Maßen mit einem alten Kleide bedecken, so wären sie hinlänglich versorgt. Herr von Engel bemerkt dagegen, daß der Herr Kammerrath sich irre, wenn er die zu große Nachsicht gegen Bauern und Unterthanen einen allgemeinen Fehler der mecklenburgischen Landwirthe nenne, **gerade das Gegentheil sei der Fall, in den meisten Orten würde zu hart gegen dieselben verfahren**. Das von ihm aufgestellte Princip, daß Unterthanen oder der gemeine Mann blos der Reichen und Begüterten wegen da seien und nur ein Stück schwarzes Brod beanspruchen dürften, wäre so ausschweifend, so abscheulich, daß es der Menschheit zur Schande gereiche, wenn es Menschen gäbe, die es hegten. „Aber leider, dieser Mann ist nicht der einzige solcher Art, ihm gleichen mehrere in und außer unserem Vaterlande."

von Langermann, auch ein mecklenburgischer Gutsbesitzer und Edelmann von ächtem Schrot und Korn, bezeugt in seiner im Jahre 1786 erschienenen Schrift: „Versuch über Verbesserung des Nahrungszustandes in Mecklenburg" die kümmerliche Lage der ritterschaftlichen Bauern und Tagelöhner und bemerkt sodann: „Manche gestrenge Herren mögen nur deshalb abgeneigt sein, ihren Leibeigenen Freiheit und Eigenthum zu verleihen, weil

sie mit dieser einzigen Handlung der Großmuth und Menschen=
liebe für immer die Gewalt verlieren würden, mit veziermäßiger
Willkür über menschliche Rücken zu gebieten."

Am schlimmsten haben es nach von Engel die Bauern bei
den ritterschaftlichen Pächtern gehabt. Der Pächter, welchem die
Dienste der Bauern verschrieben wären, kümmere sich nicht da=
rum, ob der Bauer, seine Frau, sein Knecht, seine Magd, sein
Pferd, sein Ochs krank sei, ob er durch irgend einen unverschul=
deten Unglücksfall in seiner eigenen Wirthschaft zurückkomme.
„Der Hofdienst", so habe der Pächter raisonnirt, „ist mir in
Anschlag zur Pacht gebracht und zu dem Ende, um sie zahlen
zu können, verschrieben, folglich muß ich ihn haben; geht der
Bauer darüber zu Grunde, so muß der Gutsherr ihm wieder
aufhelfen." Doch noch auf eine andere Art würde der Bauer vom
Pächter hart mitgenommen. Er müsse das Korn nach entlegenen
Städten verfahren, weil es daselbst ein oder zwei Schillinge mehr
gelte, als in der Nähe, wodurch sein Vieh ausgemergelt, Victua=
lien, insonderheit das Fleisch doppelt consumirt, das Geld, welches
er dem Knecht auf die Reise geben müsse, verzehrt und mit dem
Futter der Dünger verschleppt würde. Die Hofdienste würden
vom Pächter aufs Aeußerste ausgebeutet. „Ich will z. B. einen
Fall merken, der mir an mehr als einem Orte vorgekommen ist.
Der Pächter soll nämlich nach seinem Contracte die ganze Ernte
hindurch vom Bauern vier Menschen zum Dienst haben, und über=
dem noch den fünften zum Hungerharken und Aufhocken. Die Leute
muß ihm der Bauer schicken, das Wetter sei zur Ernte bequem
oder es regne, so lange als noch eine Garbe draußen ist. Es
finden sich regnichte Tage, da der Pächter sie nicht einmal nützlich
brauchen kann, aber auch das hindert nicht, die Leute müssen
kommen, wie sehr er gleich mühsam darauf raffintren muß, um
eine Arbeit ausfindig zu machen, wo er sie anstellen kann.
Doch auch dieses möchte gewissermaßen noch zu entschuldigen
sein. Wenn aber, um den starken Hofdienst so viel länger auf
andere Art zu nutzen, der Schluß der Ernte mit Bedacht ver=

zögert wird, und man etwas weniges vom Getreide zu dem Ende draußen stehen läßt, so ist's, muß ich sagen, ein wahrer Gräuel." Hierauf schildert der humane Verfasser das Loos der ländlichen Arbeiter und hebt namentlich hervor, daß dieselben, wenn sie der Pächter braucht, einen bestimmten Tagelohn erhalten, daß sie aber, obwohl der Pächter sie nicht zu aller Zeit in seiner Arbeit nöthig habe, sich dennoch jeden Tag bereit halten müssen, dazu, so oft sie gefordert werden, zu erscheinen. „Ich habe mit eigenen Augen gesehen, daß Tagelöhner in der Ernte, da es regnicht Wetter war und der Pächter sie still sitzen ließ, aus Noth gedrungen auswärts Arbeit suchten, von dem Schließvogte gepeitscht wurden, weil sie an einem guten Tage nicht den Augenblick nach dem Befehl des Pächters in seine Arbeit traten. Ihre Einwendung, daß sie solchergestalt verhungern müßten, weil sie nur dann und wann zur Arbeit angesagt würden, half nichts; sie wurden bei Strafe von Karrenschieben verurtheilt, beim Pächter in Arbeit zu gehen, wie oft oder selten er sie dazu gebrauchte." Dies Schauergemälde, welches noch dadurch zu vervollständigen ist, daß dem Pächter auch contraktlich der „Dienstzwang mit Stock und Peitsche" eingeräumt ward, ist, wie von Engel bemerkt, nur obenhin und in wenigen Zügen entworfen und nicht bloß von Pächtern entlehnt. „Nein, auch mehr als ein Eigenthümer wird sein Contrefait darin finden."

Der unerträglichen Tyrannei der Grundherren suchten sich manche Bauern durch Auswanderung zu entziehen. In der „Mecklenburgischen Monatsschrift" von 1794 wird mitgetheilt, daß die Bauern nicht gewagt hätten, den höheren Schutz wider gewissenlose Herren anzurufen, weil sie befürchtet, daß sie nachher noch ärger tyrannisirt werden möchten, sie „wählen lieber die Flucht, fahren wohl gar mit Pferd und Wagen, Frau und Kindern, Sack und Pack zum Lande hinaus und lassen ihrem ungnädigen Herrn das leere Nest." Schon viel früher hatten die Auswanderungen ihren Anfang genommen. Wir haben bereits auf das Auswanderungsverbot von 1654 hingewiesen. Die Auswanderungen erfolgten namentlich nach dem russischen Gouvernement Astrachan. Dieselben fanden in einem so großartigen Maßstabe statt, daß in den Jahren 1760 und 1763 wiederum scharfe Verbote erlassen wurden. Durch jene Verordnungen wurde urkundlich bestätigt, daß nicht nur „Lediglose, sondern auch sogar ganze leibeigene Familien, die doch nach unserem Landesrechte ihrer Leiber nicht mächtig sind, selbst mit der ihnen zuständigen Hofwehr sich ihren Herrschaften entzögen und heimlich entwichen, mithin, dafern diesem Unwesen nicht auf das Nachdrücklichste gesteuert würde, eine Entvölkerung unserer ohnehin von Menschen sehr entblößten Lande und die Zugrunderichtung aller Landbegüterten zu besorgen wäre."

Der tiefste sittliche Verfall war die nothwendige Folge dieser Zustände. „Hört man nicht allenthalben", so heißt es in den „Strelitzschen nützlichen Anzeigen" vom Jahre 1765, „die bittersten Klagen über die Bosheit und nicht menschliche Denkungsart des Gesindes, der Unterthanen und anderer gemeinen Leute? Findet man bei dem größten Theile dieser Leute wohl eine Empfindung von der Religion, insoweit dieselbe im Innern und nicht in einigen äußerlichen Uebungen besteht, von Redlichkeit, von Treue, von Gewissenhaftigkeit, von Dankbarkeit, von Vergebung erlittenen Unrechts u. s. w.? Woher kommt diese wahre Brutalität, welche bei uns unter dem gemeinen Volke herrscht?" Der Engländer Nugent, welcher Mecklenburg im Jahre 1766 bereist hat, referirt in seinen „Reisen" ein Gespräch, welches er mit einem mecklenburgischen Gutsbesitzer, dem Hauptmann von der Kettenburg, geführt hatte. Unter den Gründen, welche dieser zu Gunsten der Leibeigenschaft anführte, war auch der: „das gemeine Volk wäre wenig besser, als wilde Thiere, deren Wuth man, wenn sie gleich in Fesseln und Ketten lägen, so lange fürchten müsse, als sie noch knurrten und in ihre Ketten bissen, damit sie den Vorübergehenden nicht schaden könnten." In einer Schrift von Eggers „Gegenwärtige Beschaffenheit der Leibeigenschaft" von 1784 wird die vernachlässigte Erziehung der Kinder der leibeigenen

Unterthanen gerügt, "denn wer kümmert sich um Menschen, denen man nur einen geringen Grad über die unvernünftigen Geschöpfe einräumte? Funck spricht in einer im Jahre 1811 veröffentlichten Schrift "Mecklenburgs Regeneration" von der schlechten Bevölkerung Mecklenburgs, der Armseligkeit, stumpfsinnigen Rohheit und Apathie seiner arbeitenden Klasse, vorzüglich der niedern Landleute. "Mecklenburg gleicht in vielen Stücken den schlechtesten Provinzen der cultivirten Erde. Mecklenburg, wahrlich ein herrlicher Strich Landes, ist weit schlechter bevölkert, als die Sandschollen der Mark Brandenburg — und dennoch aus was für Menschen besteht der größte Theil dieser wenigen? Aus unmuthigen Leibeigenen, hungrigen Tagelöhnern, elenden Kossaten, wenigen ausgemergelten Bauern, und aus Handwerkern, von denen der hundertste wohlhabend ist." Karsten, Professor der Landwirthschaft in Rostock, schrieb im schwerinschen Kalender auf das Jahr 1816: "Der sogenannte gemeine Mann, der ohne Bildung, nicht viel besser, wie die Thiere, mit denen er umgeht, aufgewachsen ist, gehorcht nur der Sclavenpeitsche seines Gebieters, und so lange er im Drucke der Armuth ist, schmiegt er sich und kriecht zu den Füßen seines Zuchtmeisters, sowie der Hund nach empfangenen Prügeln die Hand leckt, die ihn mißhandelte. Boshafter und tückischer wie dieser, wird er dann mit hämischer Freude jede Gelegenheit ergreifen, seinem Herrn zu schaden, wo er es ungestraft thun kann. Gebt aber diesem Menschen besseres Auskommen und Wohlstand, so wird er widerspänstig, trotzig, verwegen, faul; will man ihn durch Zwangsmittel bändigen, so widerstrebt er, denn das Gefühl von Pflicht ist in ihm ertödtet, und die Sprache des Gewissens kennt er nicht, er wird öffentlicher Ruhestörer, Empörer!"

Der Dichter Johann Heinrich Voß, bekanntlich ein Mecklenburger von Geburt, dessen Großvater ein Freigelassener und dessen Vetter noch leibeigen unter den Maltzanen zu Grubenhagen war, hatte in dem mecklenburgischen Gute Ankershagen das schreckliche Loos der ritterschaftlichen Bauern und Tagelöhner kennen gelernt. Seinem Zorn darüber gab er in dem im Göt-

tinger Musenalmanach von 1794 erschienenen Gedicht „Die Leib=
eigenen" Ausdruck. Wir entnehmen demselben folgende charak=
teristische Stelle:

„Was, noch Treue verlangt der unbarmherzige Frohnherr?
Der mit Diensten des Rechts (sei Gott es geklagt) und der Willkür
Uns wie die Pferde abquält, und kaum wie die Pferde beköstigt?
Der, wenn darbend ein Mann für Weib und Kinderchen Brodkorn
Heischt vom belasteten Speicher, ihn erst mit dem Prügel bewillkommt,
Dann aus gestrichenem Maß einschüttet den kärglichen Vorschuß?
Der auch des bittersten Mangels Befriedigung, welche der Pfarrer
Selbst nicht Diebstahl nennt, in barbarischen Marterkammern
Züchtiget und an Geschrei und Angstgebärden sich kitzelt?
Der die Mädchen des Dorfes mißbraucht, und die Knaben wie Lastvieh
Auferzöge, wenn nicht sich erbarmten Pfarrer und Küster?"

Außerdem machte Voß den Gutsbesitzern den Vorwurf, daß sie betriebsame Bauern, die ihre Hufe verbessert, von dieser ab auf eine schlechtere setzten, um auch diese in bessere Cultur zu bringen, sowie daß sie ihre Leibeigenen als Rekruten an die Franzosen verkauft hätten!

Der große preußische Staatsmann von Stein, welcher eine Ge= schäftsreise nach Mecklenburg gemacht hatte, fällte in einem Schrei= ben vom 2. April 1802 über die Bauernlegungen den charakteristischen Ausspruch, den wir als Motto unserer Schrift vorangesetzt haben. Wir reihen daran den Ausspruch Ernst Moritz Arndt's, der mit den Zuständen in Mecklenburg, wie sie zu der geschilderten Zeit waren, aus eigener Anschauung bekannt, in einem über Meck= lenburg in der „Augsburger Allgemeinen Zeitung" vom 29. Mai 1858 veröffentlichten Aufsatze von dem „schaurigen, ja schauderhaften Zustande" dieses Landes redet, „worin man die letzten Reste des Gottlob meist entfeudalisirten Deutschland leider zu jammervoll noch erblicken kann."

Dem Güterschwindel in den neunziger Jahren folgte die natur= gemäße Reaction im Anfange dieses Jahrhunderts. In den Jahren 1798 und 1800 waren Mißernten, und Mecklenburg mußte Korn vom Auslande kaufen. Die fremden Kapitalien

zogen sich aus dem Lande zurück. In Folge davon trat Geld-
mangel und ein erhebliches Sinken der Güterpreise ein. Die
wiederholten Mißernten der Jahre 1803—1806 und der nachfolgende Krieg, der die Occupation des Landes durch die Franzosen, die Contributionen und die Continentalsperre zur Folge
hatte, vervollständigten die Krisis und brachten unsere großen landwirthschaftlichen Fabriken um allen Credit. Die Concurse nahmen wieder überhand und unsere gesetzgeberischen Autokraten griffen
abermals, um den Verlust von sich auf die Gläubiger zu wälzen,
zu dem beliebten Mittel der Indulte, von denen der erste von
1806 bis 1808 und ein zweiter von 1812 bis 1828 dauerte.
Die übermäßigen Bauernlegungen in den neunziger Jahren veran-
laßten den Herzog Friedrich Franz, welcher schon im Jahre
1785 ein Verbot wider das Verpachten von Bauerngehöften an
freie Leute erlassen hatte, zu dem Bescheide, daß Bitten um Legungen
von Bauerschaften nicht mehr angenommen werden sollten. Dagegen ward von jeder beabsichtigten Niederlegung einzelner Bauern
vorherige Anzeige verlangt und für die Niederlegungen überhaupt
der Grundsatz aufgestellt, daß in jedem Dorfe höchstens die Hälfte
der zur Zeit der Landesvermessung vorhandenen Bauern gelegt
werden dürfe, daß allemal die drei größeren Bauern zu conserviren und daß die Nachbleibenden ganz unverändert in ihrem
Besitze und in ihren Leistungen zu erhalten seien. Wirklich er-
litten auch die Legungen in den folgenden Jahren einen Still-
stand. Aber die Durchführung der herzoglichen Verfügungen ward
wieder aufgegeben, als Regierung und Stände durch den Krieg
in die größte Bedrängniß geriethen. Der Vernichtungskampf der
Ritter wider die Bauern begann aufs Neue, und selbst die Frei-
heitskriege, in welchen auch der Bauer Gut und Blut für die
Befreiung des Vaterlandes von fremdem Joche opferte, thaten demselben keinen Einhalt. Von 1801 bis 1813 wurden 125
Bauern und eine gleiche Anzahl von da bis 1823
abgeschlachtet.

Die Aufhebung der Leibeigenschaft ward im Jahre 1808,

nachdem Preußen im Jahre vorher damit vorangegangen war, von dem Herzoge Friedrich Franz beantragt, die Stände aber schwiegen dazu. Im Jahre 1813 sicherte der Herzog allen denjenigen Leibeigenen, welche sich am Freiheitskampfe betheiligen würden, die Befreiung von der Leibeigenschaft zu. Der fürstlichen Zusicherung ward aber nicht allemal Folge geleistet. Ein Leibeigner, der drei Feldzüge mitgemacht hatte, und im Jahre 1818 aus der Garde entlassen und in sein Heimathsdorf zurückgekehrt war, wurde, trotz jener Zusicherung, von seinem Gutsherrn in der Nähe Rostock's als Leibeigener behandelt, und da er hiergegen keinen Schutz erlangen konnte, so ward er flüchtig und siedelte sich in Rügen an. Im Jahre 1815 stellte die Landschaft einen energischen Antrag auf Aufhebung dieser mittelalterlichen Barbarei. „Ist es noch länger zu dulden, daß der Mensch als Lastthier zur ungemessenen Frohnde verhandelt werde?" lautete die an die Ritterschaft gerichtete Frage. Aber erst auf dem Landtage von 1819 wurde die Aufhebung der Leibeigenschaft beschlossen, und das betreffende Gesetz ward im Schwerinschen am 18. Januar und im Strelitzschen am 22. Februar 1820 publicirt. Man würde indeß sehr irren, wenn man die Zustimmung der Ritterschaft zu der Aufhebung der Leibeigenschaft aus irgend welchen Humanitäts-Rücksichten erklären wollte. Es war das eigene Interesse, welches endlich die Ritterschaft zu dieser anscheinend humanen Maßregel bestimmte. Die Bevölkerung von Mecklenburg-Schwerin hatte sich nämlich, besonders in Folge der wohlfeileren und ergiebigeren Gewinnung der Nahrungsstoffe, von 1800 bis 1825 von 265000 auf 417000 Köpfe vermehrt. Einer so beträchtlichen Volksvermehrung entsprachen aber die wirthschaftlichen Verhältnisse des Landes nicht: die Nachfrage nach Arbeitskraft war nicht im Verhältniß zu dem vermehrten Angebot derselben gewachsen. Es lag daher den Gutsherren daran, sich der überschüssigen Arbeitskraft zu entledigen. Dies erreichten sie durch das Gesetz über die Aufhebung der Leibeigenschaft, welches die Kündbarkeit des Tagelöhners einführte. In Folge zweier reichen Ernten der Jahre

1819 und 1820 und in Folge der englischen Kornscala standen die Kornpreise mehrere Jahre so niedrig, daß sie kaum die Kosten der Produktion deckten. Deßhalb machten die Gutsherren von dem ihnen eingeräumten Kündigungsrecht einen massenhaften Gebrauch. Ein großer Theil der ritterschaftlichen Insassen ward auf diese Weise entweder dem Domanium zugeschoben oder, wenn dieselben anderswo kein Unterkommen finden konnten, der Bestimmung des §. 12 des neuen Gesetzes gemäß aus ihren Wohnungen gerichtlich hinausgeworfen und mit den Ihrigen und ihrer Habe als Heimathlose in das Landarbeitshaus abgeführt. Ganz wohlhabende und arbeitsfähige Familien wanderten wegen Mangels an Wohnung dahin. Das Landarbeitshaus ward in dem Maße mit Heimathlosen bevölkert, daß der erwähnte §. 12, welcher nicht blos auf die vormaligen Leibeigenen, sondern auch auf die schon vor dem Gesetze freien Leute angewendet ward, so lange suspendirt werden mußte, bis ein neues Gesetz erlassen ward, welches den Gutsherren die Verpflichtung auferlegte, den Ausgeworfenen ein Obdach und Tagelöhnerarbeit gegen verhältnißmäßigen Lohn zu gewähren. Die Abführung ins Landarbeitshaus sollte fortan nur dann geschehen, wenn das „Individuum" dreimal die angesagte Arbeit verweigert, oder dasselbe selbst oder seine Kinder bettelnd betroffen würden. Die Gutsherren müssen einen sonderbaren Begriff von Obdach gehabt haben, denn die Gesetzgebung sah sich nach einigen Jahren genöthigt, zu verordnen, daß das Obdach, da es Schutz gegen die Witterung gewähren soll, mindestens mit einem angemessenen Heerde und Ofen versehen sein müsse. Um aber nicht in den Ruf allzugroßer Liberalität zu kommen, wird sofort vom Gesetzgeber hinzugefügt, daß die Ortsobrigkeit für das zu gewährende Obdach bestimmte Arbeit verlangen könne. Die der Gutsherrschaft auferlegte Verpflichtung zur Armenversorgung hatte aber wieder zur Folge, daß der gekündigte Tagelöhner nirgend anders Arbeit und Unterkommen fand und thatsächlich an die Scholle gefesselt blieb. Der Leibeigene hatte ein Recht auf Arbeit und Unterhalt Seitens des Herrn. Der Freigelassene erhielt nur ein Recht auf Obdach und auf das Landarbeitshaus. Mit der Einführung der Kündigung hätte dem Tagelöhner als Aequivalent für sein verlorenes Recht auf Arbeit, die Freizügigkeit, die Erweiterung der Erwerbsrechte und die Möglichkeit der Gewinnung von Grund und Boden zugestanden werden müssen. Man gab ihm die Freiheit, aber nicht die Möglichkeit sich zu ernähren, wenn das Band zwischen ihm und seinem Herrn gelöst wurde. Auf diese Weise gerieth er in eine viel größere Abhängigkeit von seinem Herrn, als dies je zuvor der Fall war. Die Leibeigenschaft hörte auf, aber die Heimathlosigkeit, den Armenkaten, das Exil und das Landarbeitshaus tauschte der Freigelassene dafür ein.

Das Gesetz wegen Aufhebung der Leibeigenschaft hielt im Allgemeinen die Bestimmungen des Erbvergleichs in Betreff der ritterschaftlichen Bauerhöfe aufrecht, nur daß auch den Bauern die Kündigungsbefugniß eingeräumt und daß für die Kündigung der Bauern durch die Gutsherren eine einjährige Frist gesetzt ward, reservirte aber am Schlusse eine Vorlage über die Regulirung der gesammten Bauernverhältnisse, welche durch eine fördersamst einzuberufende ständische Deputation vorbereitet und zur ständischen Beschlußnahme auf dem nächsten Landtage gestellt werden sollte. Die noch vorhandenen ritterschaftlichen Bauern hofften, daß nunmehr ihnen eine gesicherte und von der Willkür ihrer Grundherren unabhängige Stellung in Aussicht stände. Aber wie bitter wurden sie in ihren Hoffnungen getäuscht!

Noch im Jahre 1820 wurde die Einleitung zur Bearbeitung des wichtigen Gegenstandes getroffen und im Jahre 1821 beginnen die Verhandlungen darüber zwischen den großherzoglichen Commissarien und den ständischen Deputirten. Die Landschaft befürwortete aus Rücksicht auf die Nahrung der Städte die Nothwendigkeit der Selbstständigkeit eines möglichst zahlreichen und wohlhabenden Bauernstandes. Die Ritterschaft aber, getreu ihrem von jeher eingenommenen egoistischen Standpunkte, war nur darauf bedacht, die Bestimmungen des Erbvergleichs aufrecht zu erhalten, um auch die noch übrig gebliebenen Bauerhöfe einziehen zu können. Wenn sie keine Schwierigkeiten dagegen erhob, daß die freigewordenen Bauern, insoweit sie nicht gänzlich gelegt werden sollten, sogar zu Erbzinsleuten gemacht würden, so lag der Grund davon in der Absicht, zu ihrer Entschädigung dafür die Stellen möglichst klein einzurichten. Die Regierung hielt an den schon früher aufgestellten Principien fest und suchte außerdem einige Concessionen für die Bauern zu erreichen, namentlich, daß, was hie und da schon ausnahmsweise geschehen war, die Frohndienste der Bauern aufgehoben und nach angemessener Taxe in Geldpacht verwandelt würden. Die vollständige Beseitigung des in den Erbvergleich übergegangenen Artikel 16 der Reversalen ward nicht einmal proponirt. Aber selbst diese geringen Zugeständnisse, welche die Regierung von den Rittern für die Bauern verlangte, wurden verweigert. Die Verhandlungen führten zu keinem Ergebniß.

Im Jahre 1822 wurde aufs Neue eine ständische Deputation zwecks Erledigung dieser Sache nach Doberan gerufen. Aber nur mit Strelitz kam eine Einigung zu Stande, deren Ergebniß durch Gesetz vom 10. December 1824 publicirt ward. Freilich war in Strelitz die Zahl der ritterschaftlichen Bauern bereits auf 47 zusammengeschrumpft; wenigstens zählt der strelitzsche Staatskalender nur 11 Bauern, 31 Erbpachtbauern und 5 Kossaten auf. Die schwerinsche Ritterschaft aber blieb hartnäckig. Ein Bericht der Regierung an den Großherzog vom 27. November 1824 beleuchtet das Benehmen derselben in folgender Weise: „Um so unerwarteter ist es den Unterzeichneten gewesen, zu sehen, wie die Ritterschaft, welche Ew. K. H. Nachsicht und Gnade nur mit Dank erkennen sollte, immerhin noch neue Vortheile auf Kosten des Bauernstandes zu erhalten sucht; der bestimmten landesherrlichen Aufgabe, den nach so mühsamen Verhandlungen vorgelegten Gesetzentwurf, so wie er ist, entweder anzunehmen oder abzulehnen, ausweicht und immer neue, theils wesentlich nachtheilige, theils ins Kleinliche gehende Abänderungen verlangt und Bemerkungen vorbringt." Die letzten Streitigkeiten drehten sich darum, ob bei

Veranschlagung der Grundstücke die Grundsätze der Domanialtaxe oder die des ritterschaftlichen Creditvereins zu Grunde gelegt, und ob die Regulirungen stets unter Zuziehung landesherrlicher Commissarien stattfinden sollten oder nicht. An diesen Differenzen brach sich die Hoffnung endlicher Vereinigung, und die jahrelangen Verhandlungen, bekannt unter dem Namen „Doberaner Verhandlungen", wurden im Jahre 1829 vom Engeren Ausschusse definitiv abgebrochen. Die Regierung stellte nun aus dem Gesetzentwurf, wie er aus den Berathungen hervorgegangen, die Hauptgrundsätze, welche sich schon viel früher in vielfach durch reichskammergerichtliche Erkenntnisse bestätigter Anwendung befunden hatten, zusammen, um dieselben in Zukunft selbst dann anzuwenden, wenn jener Entwurf keine Gesetzeskraft erlangen würde. Der Großherzog billigte dies und der Regierungsfiscal ward dem entsprechend instruirt. Dem Engern Ausschuß aber ward angezeigt, daß der Großherzog befohlen habe, in den Bauernlegungs= und Bauernregulirungssachen wieder die rechtskräftig bestehenden früheren Grundsätze in Anwendung zu bringen. Ritterschaftlicher Seits aber ward behauptet, daß eine vertragsmäßige Grundlage für die Behandlung dieser Sache nicht zu Stande gekommen sei und daß daher immer noch das frühere Recht gelte. Diese rechtliche Auffassung ist auch die der Gerichte, welche den Doberaner Verhandlungen keine Gesetzeskraft beilegen. Dieselben hatten nur die Wirkung, daß seitdem in allen Fällen, wo Besitzer auf die dort aufrecht erhaltenen Grundsätze provocirten, diese bei der Regulirung durch landesherrliche Commissarien zur Anwendung gebracht wurden.

Mit den Ereignissen des Jahres 1848 schien endlich den ritterschaftlichen Bauern eine bessere Zukunft aufzugehen und der noch nicht abgeschlachtete Rest derselben von dem jahrhundertelangen Joche ihrer Grundherren erlöst werden zu sollen. Die im Oktober 1848 zusammengetretene Abgeordnetenkammer nahm sich der Bauern kräftigst an, verlangte eine Wiederaufnahme der seit dem Jahre 1829 ruhenden Verhandlungen über die Regulirung der bäuerlichen Verhältnisse und beantragte die provisorische Be=

anstandung der Legung von ritterschaftlichen Bauernstellen. In Folge dessen wurde durch landesherrliche Verordnung vom 16. August 1849 jede nach dem bisherigen Rechte zulässige Legung von Bauernstellen, die nicht bereits genehmigt und in der Ausführung begriffen, bis zu dem Zeitpunkt, wo die bäuerlichen Verhältnisse durch ein baldmöglichst zu erlassendes allgemeines Gesetz regulirt sein würden, untersagt und für nichtig erklärt. Das Verbot ward auch auf die durch Heimfall und aus einem andern Grunde an den Grundbesitzer zurückgelangenden Bauernstellen ausgedehnt. Die Aufhebung der gemeinschaftlichen Benutzung des Bauern= ackers, sowie die Abrundung, Zusammenlegung und Verlegung desselben, und sonstige zum allgemeinen oder zum verhältnißmäßig gleichen Wohle der interessirenden Theile gereichende Veränderungen bestehender Bauernstellen sollten statthaft sein, jedoch nur mit Zustimmung der Regierung. Von dem Verbote waren nur ausge= nommen diejenigen zum ritterschaftlichen Cataster steuernden Bauern= stellen, welche ursprünglich auf Hofländereien errichtet waren.

Aber die Hoffnungen der Bauern auf eine bessere Zukunft sollten nur kurze Zeit dauern. Mit der durch die Einmischung Preußens und Oesterreichs herbeigeführten rechtswidrigen Wiederaufhebung des constitutionellen Staatsgrundgesetzes vom 10. October 1849 ward die Herrschaft des Feudalismus wieder= hergestellt. Derselbe suchte nun sogleich den Bauernstand wieder in die alte Abhängigkeit zu bringen. Bereits durch die auf An= trag der restaurirten Stände erlassene Verordnung vom 17. No= vember 1851 ward die Verordnung vom 16. August 1849 wieder aufgehoben und bestimmt, daß in Bezug auf Bauernlegun= gen diejenigen Rechtsnormen, welche vor dem Erlasse dieser Verordnung bestanden, wiederum in Kraft treten sollten.

Die Wiederherstellung dieser früheren Rechtsnormen setzte die Ritter in den Stand, ihr altes Handwerk des Abschlachtens der Bauern ganz offen wieder aufzunehmen. Wie weit die Naivetät der Junker bei Ausübung ihres Rechtes ging, ersieht man aus einem Bericht des Regierungsfiscals, nach welchem die Schwan=

seer Güter im Jahre 1843 von den Erben des verstorbenen Besitzers, Herrn von Häseler, mit der Clausel feil geboten wurden: „daß es in Schwansee noch Bauern abzuschlachten gebe." Im Jahre 1860 war nach Angabe des Staatskalenders die Zahl der ritterschaftlichen Bauern in Mecklenburg-Schwerin, welche im Jahre 1794 noch 1953 betrug, auf 1386 zusammengeschmolzen. Dabei ist zu beachten, daß der Staatskalender seinen Angaben über die Anzahl der Bauern die Einschränkung hinzufügt: „soweit deren Niederlegung bisher nicht bekannt geworden." Da die Ritter die Berechtigung in Anspruch nahmen, ihre Bauern ohne Consens der Regierung zu legen, so ist es nicht auffallend, daß eine Menge Niederlegungen nicht zur offiziellen Kenntniß gekommen und daher viele Bauern im Staatskalender aufgeführt sind, welche längst zu existiren aufgehört haben. Wir dürfen daher die Zahl der noch vorhandenen ritterschaftlichen Bauern in Mecklenburg-Schwerin auf nicht viel mehr als 1200 veranschlagen, denen noch die 47 ritterschaftlichen Bauern im Strelitzschen hinzuzurechnen sind. Mit den von uns gemachten Angaben über die Abnahme der ritterschaftlichen Bauern stimmen die actenmäßigen Nachweise des „Norddeutschen Correspondenten" von 1860 Nr. 184 im Wesentlichen überein. Danach existirten von den im 17. Jahrhunderte noch vorhandenen 12000 ritterschaftlichen Bauern im Jahre 1755 nur noch ungefähr 5000, im Jahre 1860 nur noch 1300 bis 1400. Man erhält übrigens nur einen sehr schwachen Begriff von den unter den Bauern angerichteten Verwüstungen, wenn man lediglich die Zahl der gelegten Bauern berücksichtigt. Erst dann machen wir uns davon eine klare Anschauung, wenn wir uns die Quantität und die Qualität des den Bauern geraubten Ackers vergegenwärtigen. Es ist bereits nachgewiesen, daß in früheren Zeiten die Ritter fast gar kein Hoffeld besaßen und daß erst durch die Verkleinerung und Verlegung und endlich durch die völlige Legung der Bauern die großen Höfe entstanden sind. Nach dem ministeriellen Organ sind allein von 1755 bis 1860 nicht weniger als 35 Millionen Quadratruthen ritterschaftlicher Bauerländereien theils mit theils ohne Consens der Regierung eingezogen und verschwunden. Davon sind nach Angabe desselben Organs seit den letzten 30 Jahren allein mit Consens 3½ Millionen und blos in den letzten 10 Jahren im Ganzen gegen 2 Millionen eingezogen. Wenn man nun mit Voll annimmt, daß die jetzt noch vorhandenen ritterschaftlichen Bauern, deren Zahl in runder Summe auf 1300 veranschlagt werden mag, durchschnittlich nicht mehr als 2000 bis 5000 Quadratruthen oder ungefähr 20 bis 30 Magdeburger Morgen an Acker besitzen, so beträgt ihr gegenwärtiger Besitz kaum 5 Millionen Quadratruthen, so daß von den im Jahre 1755 noch vorhandenen 40 Millionen Quadratruthen nur der 8. Theil übrig geblieben ist.

Ob die auf dem Landtage von 1859 wieder aufgenommenen Steuerreformverhandlungen mit der Wiederaufnahme der Verhandlungen über die Regulirung der bäuerlichen Verhältnisse Seitens der Regierung in irgend einem Zusammenhange gestanden, entzieht sich dem Blicke der Uneingeweihten. Thatsache ist aber, daß zu nicht geringem Schreck der Ritter plötzlich, wie ein Blitz aus heiterem Himmel, im Januar 1860, nachdem die Ritterschaft kurz vorher die Steuerreformvorlage der Regierung abgelehnt hatte, aus dem Ministerium des Innern Verfügungen an die betreffenden Gutsbesitzer ergingen, die nicht innerhalb der gesetzlichen Normen gelegten Bauern wiederherzustellen. Die Regierung beabsichtigte auf einmal nichts Geringeres, als sämmtliche Bauerstellen, welche so weit dies noch zu ermitteln war, seit hundert Jahren ohne landesherrlichen Consens gelegt waren, wieder aufzurichten. Es handelte sich um 200 bis 300 Bauerstellen, welche in 70 bis 80 Gütern wieder errichtet werden sollten. Diese Maßregel der Regierung, welche das den Bauern zugefügte Unrecht wieder gut machen sollte, war freilich an sich verfehlt: die Ausführung derselben hätte ihren Zweck nicht erfüllt, ein neues Unrecht zu dem alten hinzugefügt und dem Credite des Landes geschadet. Es giebt nur einen Weg der Buße für die alten Sünden und der besteht darin, die Verhältnisse der Bauern, wie dies kürzlich in Kurland und Liefland geschehen ist, dahin zu regeln, daß sie ihre Hufen kaufen und freie Grundeigenthümer werden können. Immerhin war aber jene Maßregel eine Anerkennung des begangenen Unrechtes und ein Zugeständniß an den ritterschaftlichen Bauernstand, wenn auch im feudal-bureaukratischen Sinne und Geiste.

Der Engere Ausschuß erließ in Folge der Ministerial-Verfügungen ein Circular, in welchem er die betheiligten Gutsbesitzer zum Bericht über das Thatsächliche aufforderte, und beantragte darauf beim Großherzoge, das von dem Ministerium des Innern eingeleitete Verfahren bis nach dem Ablauf des nächsten Landtages zu sistiren. Denn, wenn die Bestimmungen des Erbvergleichs in früheren Zeiten übertreten sein sollten, so beruhe dies auf einer mangelnden Uebung des landesherrlichen Oberaufsichtsrechts, wofür doch die Nachfolger im Besitz nicht verantwortlich gemacht werden könnten.

Nachdem die Bitte um Sistirung abschlägig beschieden war, entwickelte der Engere Ausschuß in einem repräsentirenden Vortrage vom 3. Mai 1860, daß über die Berechtigung der Besitzer ritterschaftlicher Güter, mit ihren Bauern Veränderungen vorzunehmen, schon seit der Polizeiordnung von 1572 Verschiedenheiten zwischen dem Landesherrn und den Ständen mehrfach entstanden wären, welche durch die Reversalen von 1621, durch ergangene landesherrliche Entscheidungen und durch die Bestimmungen des Erbvergleichs ihre Erledigung hätten finden sollen, aber diese noch immer nicht gefunden hätten. Ein landesherrliches Rescript vom 16. Mai 1860 wies die Bitte um Sistirung wiederum ab und entgegnete, daß Differenzen nicht beständen, sondern die wesentlichen gesetzlichen Vorschriften in rechtskräftiger, durch langjährige Anwendung befestigten Gültigkeit beständen. Der Großherzog wolle dem Engern Ausschuß das Recht zur Beantragung neuer gesetzlichen Bestimmungen nicht bestreiten, aber zu einer Initiative in dieser Hinsicht habe er sich um so weniger bewogen finden können, als er nach den gemachten Erfahrungen

in dieser Angelegenheit, wo eine Verschiedenheit der Auffassung des öffentlichen Interesses, dem überdies starke Privat=
interessen gegenüberständen, möglich sei, wegen des Er=
folges einer nochmaligen Verhandlung über ein neues Gesetz nicht ohne einigen Zweifel wäre.

Wie ein Bienenschwarm war die Schaar der Ritter durch die unvermuthet ihnen drohende Gefahr aufgescheucht. Ihr Zorn machte sich in der Presse Luft. Auch diesmal zeigte sich, daß das Gottesgnadenthum und die Autorität des Landesherrn ihnen nur so lange heilig ist, als sie ihren Zwecken dienen und ihre Privi=
legien nicht antasten. Einer der Ritter, noch dazu ein Mitglied des Engern Ausschusses, ging so weit, daß er wegen Beleidigung des Ministeriums in Gefängniß= und Geldstrafe verurtheilt wurde, deren Vollstreckung nur durch die landesherrliche Gnade abge=
wendet ward.

Die Vertreter der Regierungsmaßregel vertheidigten dieselbe damit, daß die auf göttlicher Ordnung ruhende ständische Gliede=
rung, gekrönt in ihrer monarchischen Spitze, die Grundlage unserer staatlichen Verhältnisse bilde und folgeweise das ständische Princip der Kern und Mittelpunkt unserer Verfassung sei. Die Ver=
letzung dieses Grundprincips unserer Verfassung durch die der natürlichen Entwickelung eines einzelnen Standes angethane Ge=
walt hätte — auch abgesehen von dem auf jeder solchen öffent=
lichen Rechtskränkung ruhenden Unsegen — auf das Gesammt=
wohl nachtheilig zurückwirken müssen. Leider hätten wir eine solche öffentliche Rechtskränkung zu beklagen in derjenigen Ent=
wickelung, welche den bäuerlichen Verhältnissen seit dem 16. Jahr=
hundert gegen ihr geschichtliches Recht durch die Macht vieler zusammenwirkenden Umstände gegeben worden sei. Der Art. 16 der Reversalen von 1621 müsse als ein Act schwerer Unge=
rechtigkeit bezeichnet werden, und diejenigen welche ihn festge=
stellt hätten, träfe eine schwere Verantwortung für die Folge dieses beklagenswerthen Schrittes. Durch Anwendung eines frem=

ten, im Erbvergleich auf's Neue bestätigten Rechts hätte der Bauernstand in Mecklenburg von der ihm ursprünglich zu seinem eigenen Gedeihen und im wohlverstandenen Gesammtinteresse gebührenden Freiheit, Macht und Bedeutung ganz unverhältnißmäßig, ja so sehr verloren, daß leider in einzelnen Theilen des Landes von einem tüchtigen und kräftigen Bauernstande kaum noch die Rede sein könne. „Diesem Uebelstande gegenüber hatte das landesherrliche Regiment schon seit längerer Zeit die schwere Aufgabe übernommen, dem Bauernstande allen nach den bestehenden Gesetzen nur möglichen Schutz angedeihen zu lassen. So gewiß es nun ist, daß das formelle Recht diesem seinem Streben nur sehr schwache Unterstützung gewähren konnte, so läßt es sich doch auch nicht verkennen, daß es Pflicht desselben war und ist, dafür Sorge zu tragen, daß nicht der Buchstabe des Gesetzes in einer allem Rechtsgefühl widerstreitenden Weise zum schweren Schaden eines im Volksleben überaus wichtigen Faktors, des Bauernstandes, durchgeführt werde. Gerade aus dem Gesichtspunkte des ständischen Princips, in welchem der Nerv des mecklenburgischen Verfassungslebens ruht, mußte die Regierung nothwendig der Unterdrückung und Beseitigung des Bauernstandes mit allen ihr zu Gebote stehenden zulässigen Mitteln entgegentreten. Seit einem Jahrhundert etwa währt nun schon dieser zu vielfachen unerfreulichen Konflikten führende Zustand, und leider ist der vor mehr als 30 Jahren unternommene Versuch, denselben durch gesetzliche Regelung in den sogenannten Doberaner Verhandlungen zu beendigen, an ständischem Widerspruch gescheitert." Die Vertheidigung der Regierung schließt mit den bittern Worten: „Daß trotz alledem für die jetzt Betroffenen diese Angelegenheit eine sehr unangenehme sein muß, liegt auf der Hand. Aber den sie etwa treffenden Nachtheilen gegenüber erlauben wir uns zu erinnern an den schweren Schaden, der durch die widerrechtliche Beseitigung so mancher Bauern nicht nur diesen, sondern dem Wohle des ganzen Landes zugefügt ist, und meinen, daß diesem gegenüber jene geringen Nachtheile kaum in Betracht kommen."

Das vorhin erwähnte Mitglied der Ritterschaft machte dagegen der Regierung den Vorwurf schwerer Härte und Ungerechtigkeit, erklärte das nach Angabe der Regierung in 20 Fällen erzielte „Einverständniß" mit den betheiligten Gutsbesitzern für erpreßt, tadelte, daß man dieselben durch hohe Geldsummen, welche zu dem Object in keinem Verhältniß ständen, zur Abfindung gezwungen habe, und drohte schließlich mit Steuerverweigerung.

Auf dem Landtage von 1860 erklärte sich der Großherzog bereit, die im Jahre 1829 abgebrochenen Doberaner Verhandlungen wieder aufzunehmen. Demnächst erfolgten wegen der Regulirung der bäuerlichen Verhältnisse Verhandlungen der Regierung mit den ständischen Deputirten, woraus ein Gesetzentwurf hervorging, der dem Landtage von 1861 vorgelegt, von diesem mit verschiedenen wesentlichen Abänderungen im ritterschaftlichen Interesse angenommen und am 13. Januar 1862 publicirt ward.

Eine nähere Prüfung des Gesetzes vom 13. Januar 1862 wird ergeben, daß der kreisende Berg nicht einmal eine Maus hat gebähren können. Das Regierungsorgan hatte verkündet, daß die Entschädigungssumme, welche von den Grundherren für widerrechtliche Legungen beigetrieben werden würden, zur Errichtung neuer Bauerstellen verwandt werden sollten. Von der Ausführung eines solchen Planes ist indessen bisher nicht die Rede gewesen. Die Ritter haben aber durch das angeführte Gesetz einen vollständigen Sieg davon getragen, und der schwache Rest der ritterschaftlichen Bauern ist damit mehr, denn je, der Gnade und Barmherzigkeit seiner Herren preißgegeben.

Die Legung der Bauern, welche in neuester Zeit ganz außer Uebung gekommen war und noch unlängst von dem Landesherrn gehindert wurde, ist jetzt gesetzlich wieder eingeführt. Nach dem neuen Gesetz ist es denjenigen Gutsherren, welche mehr als drei Bauern in ihren Dörfern haben, gestattet, die Hälfte davon bei einer geraden Anzahl, und bei einer ungeraden Anzahl noch einen mehr zu legen, also von 9 Bauern 5, von 7 oder 8 vier, von 6 drei, von 5 oder 4 darf nur einer und von drei oder weniger Bauern eines Dorfes darf keiner niedergelegt werden.

Die drei größeren Bauern müssen bei Bestand bleiben. Dafür dürfen aber von den übrigen so viele gelegt werden, daß deren einzuziehende Grundstücke denen der bleibenden Bauern an Größe und Qualität gleichkommen; was dann noch übrig ist, davon darf die eine Hälfte gelegt und nur die andere Hälfte muß bei Bestand gelassen werden.

Die übrig bleibenden Bauern sollen ganz unverändert in ihren bisherigen Besitzungen und Leistungen gelassen werden. Aber sofort im nächsten Paragraphen wird die Einschränkung hinzugefügt, daß, wo dies nicht angeht und der Gutsherr eine Umlegung der Grundstücke der Bauern wünscht, diese, wenn sie nur im Durchschnitt eben so viel bekommen, als sie zuvor gehabt haben, auf andere Grundstücke versetzt werden können.

Bei Conservirung aller Bauern der Zahl nach dürfen Verkleinerungen der Stellen und mit landesherrlicher Genehmigung Versetzungen von einem Gute zum andern stattfinden, wenn nur der Gutsherr von den gesammten Stellen sich ein Mehreres nicht zueignet, als ihm nach den gedachten Bestimmungen zukommt und die Bauern durch diese Veränderung nicht so klein werden, daß sie nicht mit Sicherheit forthin als Bauern bestehen können.

Ergeben sich Differenzen über die Anwendung der vorerwähnten Vorschriften, dann entscheidet nicht ein Gericht, sondern das Ministerium des Innern.

Die rechtliche Lage der auf Grund des neuen Gesetzes regulirten Bauern und ihrer Nachkommen soll für die Folgezeit völlig sichergestellt sein, so daß nach einmal ausgeführter Umlegung oder Veränderung von neuen Umlegungen nicht weiter die Rede sein darf. Dasselbe gilt auch für die schon vorher mit landesherrlicher Genehmigung regulirten Bauern, unter welcher Bezeichnung diejenigen verstanden werden, welche Regulative mit der ausdrücklichen Zusicherung erhalten haben, daß, so lange sie Recht auf den Gehöften thun, ohne landesherrliches Vorwissen und ausdrückliche Genehmigung keine Veränderungen in ihren Besitz= verhältnissen eintreten sollen. Die mit landesherrlicher Genehmigung regulirten Bauern, deren Regulative jene schützende Clausel nicht enthalten, und die ohne landesherrliche Genehmigung, durch bloße Vereinbarung zwischen den Betheiligten regulirten Bauern sind demnach in ihrem Bestande keineswegs gesichert. Ihre nach dem bisherigen Rechte für unantastbar gehaltenen Gehöfte können nieder= gelegt, umgelegt und verändert werden, soweit es die vorhin mit= getheilten allgemeinen Bestimmungen gestatten.

Von den Legungen sind die Kündigungen verschieden. Erstere sind mit einer Einziehung der Bauernstelle verbunden, während letztere zunächst nur bezwecken, das Verhältniß zwischen dem Grundherrn und dem dermaligen Inhaber der Bauernstelle auf= zuheben. Die Kündigungen Seitens des Grundherren sind er= weislich seit länger als 10 Jahren nicht vorgenommen. Schon nach dem aus den Doberaner Verhandlungen hervorgegangenen Gesetzentwurf sollte alle Aufkündigung abseiten der Gutsherrschaft wegfallen. Das neue Gesetz führt aber die Kündigung wieder ein. Nur für die nach dem neuen Gesetz regulirten Bauern und für die früher mit landesherrlicher Genehmigung regulirten Bauern, deren Regulative die gedachte schützende Clausel enthalten, soll die Kündigung Seitens des Gutsherren fortfallen, wogegen sie im übrigen zulässig sein soll. Das ministerielle Organ schleuderte im Jahre 1860 den Rittern die Anklage entgegen: „Nirgends ist es im Domanium geschehen, daß ein sittlich unverschuldeter Bauer von seiner Hufe vertrieben ist und genöthigt, Tagelöhner zu werden." Im Jahre 1861 giebt die Regierung ihren Consens dazu und publicirt es im Jahre 1862 als Gesetz, daß die ver= hältnißmäßig zahlreiche Klasse der nicht regulirten und der nicht durch ein landesherrliches Regulativ geschützten Bauern ohne allen Grund von ihrem Herrn gekündigt werden kann. Mit Recht sagte daher Pogge=Pölitz in einem Dictamen an die Land=

tagsversammlung vom 13. December 1862: „Wenn die Anschauung, daß nichtregulirte Bauern gekündigt werden können, allgemein würde, so wird der Besitzstand einer großen Anzahl von dem geringen Reste ritterschaftlicher Bauern auf das höchste gefährdet. Bis dahin waren die gutsherrlichen Befugnisse über die Bauern unklar und bestritten, und scheute namentlich in den letzteren Decennien sich jeder Grundbesitzer, an ihrem Besitzstand zu rütteln. Der Bauer fand darin gewissermaßen einen Schutz. Sowie aber die Befugniß der Loskündigung gesetzlich und gerichtlich festgestellt wird, so ist mit einem Schlage der Besitzstand der sämmtlichen oben bezeichneten nicht regulirten Bauern in einen solchen Zustand der Rechtlosigkeit und Abhängigkeit versetzt, daß der Bauer rein von der Gnade und dem Wohlwollen seines Grundherrn abhängt." Daraus ward der Schluß gezogen, daß es nicht die Absicht des Gesetzes habe sein können, den Bauern in eine so traurige Lage zu bringen, und damit der Antrag auf Declaration des Gesetzes motivirt. Sogar ein Mitglied der Landschaft hielt dafür, daß die Loskündigung ganz allgemein aufgegeben wäre, denn sonst seien die Bauern nach Erlaß des Gesetzes schlimmer daran, als vordem, indem nun aus dem Gesetze gefolgert werde, daß alle nichtregulirten Bauern gekündigt werden könnten, was sonst von der Regierung nicht anerkannt worden sei. Auf den Poggeschen Antrag ward vom Landtage der Beschluß gefaßt: der Engere Ausschuß solle zum nächsten Jahre über den Antrag berichten. Wir anerkennen die humanen Rücksichten, welche den Antragsteller zu seinem Antrage bewogen haben. Aber das Gesetz spricht gegen ihn und greift sogar noch über die Grenze der nichtregulirten Bauern hinaus. Der letzte Landtag hat sich nun auch, wie zu erwarten, ebenso wie bereits vorher die Regierung in einem der Ansicht des Antragstellers entgegengesetzten Sinne ausgesprochen.

Die Abmeierung des Bauern (d. h. die Entsetzung desselben von seiner Stelle) konnte früher der Regel nach nur für den Fall des Concurses und der Verarmung geschehen. Nach dem Doberaner Gesetzentwurf sind rechtliche Gründe zur Absetzung eines Bauern nur dann vorhanden:

a) wenn der Bauer nicht mehr in der Wehre ist, seine Verbindlichkeiten gegen die Gutsherrschaft erfüllen zu können, wobei jedoch ein vorübergehender Nothstand nicht ausreicht, und

b) wenn die rückständigen Leistungen an den Gutsherrn, sowie die Abgaben, falls er kein eigenes Inventarium hat, gar nicht, oder falls er solches besitzt nur durch den Verkauf so vieler Inventarienstücke beizutreiben sind, daß mit dem Reste nicht weiter fortgewirthschaftet werden kann;

c) wenn unheilbare körperliche oder Geisteskrankheit den Bauern unfähig macht, der Land- und Hauswirthschaft gehörig vorzustehen;

d) wenn er rechtskräftig zu einer Zuchthaus- oder Festungsstrafe von einem Jahr und darüber verurtheilt ist.

Nach dem Gesetze vom 13. Januar 1862 aber können alle ritterschaftlichen Bauern, einerlei ob regulirte oder nichtregulirte, mit Ausnahme derjenigen, welche durch landesherrliche Regulative speciell dagegen geschützt sind, für den Fall schlechter Wirthschaft und übler Führung abgemeiert werden, und haben sie die Entfernung von der Stelle, unter gänzlicher oder theilweiser Entziehung des Altentheils, insbesondere dann zu erwarten:

1. wenn sie durch eigenes Verschulden ihre Verbindlichkeit gegen die Gutsherrschaft nicht erfüllen können, mit dem Grundzinse, sowie mit den Zinsen und den Abträgen auf eine regulirte Schuld ein ganzes Jahr im Rückstande sind und überall, wenn eine Deterioration des Gehöftes, insbesondere der Gebäude und des Inventariums, sowie Defecte daselbst eintreten;

2. wenn sie ein wüstes Leben führen, als Verschwender oder aus sonst einem Grunde einer Curatel unterstellt werden und überhaupt ein Vermögensverfall, insbesondere ein Concurs wegen Allodial-Schulden stattfindet;

3. wenn sie sich thätliche Beleidigungen gegen ihren Gutsherrn zu Schulden kommen lassen oder wenn sie wegen Beeinträchtigung desselben durch Forstbruch, Veruntreuungen und Diebe-

reien durch gerichtliche Entscheidung zweimal in Gefängnißstrafe oder auch nur einmal in solche auf mindestens vier Wochen rechtskräftig verurtheilt worden sind;

4. wenn wider sie wegen gemeiner Verbrechen rechtskräftig eine Zuchthausstrafe, gleichviel von welcher Dauer, verfügt wird.

Der Bauer wird vollständig dem willkürlichen Ermessen seines Herrn überliefert durch die im Gegensatz zu dem Doberaner Gesetzentwurf, welcher dem abzumeiernden Bauern den Rechtsweg eröffnet, getroffene Bestimmung, daß die Abmeierung zur Competenz der aus Einzelrichtern, welche von den Rittern angestellt und besoldet werden, bestehenden Patrimonialgerichte im administrativen Wege geschehen und daß gegen diese administrative Entscheidung nur ein Recurs an das Ministerium des Innern zulässig sein soll.

Um die harten und willkürlichen Bestimmungen wegen der Kündigungen und Abmeierungen einiger Maßen zu beschönigen, ist darauf hingewiesen worden, daß nach dem neuen Gesetze die Bauerhöfe, deren Besitzer gekündigt und abgemeiert sind, auf völlig gleiche Weise und ohne alle Nebenbedingungen unentgeltlich wieder besetzt werden müßten, daß folglich dem Gutsherrn aus der Kündigung oder Abmeierung kein materieller Nutzen erwachse. Aber mit Recht hat schon Pogge in der Landtagsversammlung daran erinnert, daß der Gutsherr das Bauerngehöft durch Wiederverleihung desselben an Leute, die ihm Dienste geleistet und denen er verpflichtet ist, hoch in seinem pekuniären Interesse ausnutzen könne. Wir fügen hinzu, daß, wenngleich das Gesetz die unentgeltliche Wiederverleihung gebietet, dasselbe doch keine hinlängliche Garantie gegen die Uebertretung dieser Vorschrift enthält. Die Nebenbedingungen sollen allerdings für den neuen Wirth unverbindlich sein, aber eine Strafe ist nicht darauf gesetzt, wenn der Gutsherr sich für die Wiederverleihung bezahlen läßt. Der neue Wirth aber, der in die vollständigste Abhängigkeit von seinem Herrn geräth und ebenfalls gekündigt und abgemeiert werden kann, wird sich hüten, den Zorn desselben dadurch zu reizen, daß er den gezahlten Preis zurückfordert.

Nach dem ursprünglichen von der Regierung vorgelegten Gesetzentwurf ward, in Uebereinstimmung mit dem Doberaner Gesetzentwurf, die Erbberechtigung der Descendenten und Geschwister des letzten Besitzers in der Weise anerkannt, daß die Erstgeburt entscheiden sollte. Aber die ständische Committe opponirte dagegen und wollte den Bauern überall kein civilrechtlich klagbares Erbrecht zugestehen. Sie wäre damit einverstanden, daß die vorgeschlagene Nachfolgeordnung bei Wiederverleihung der Stelle beobachtet werde, aber die Verpflichtung dazu könne, ebenso wie alle anderen Bestimmungen dieses Gesetzes, den Gutsherren nur der Regierung gegenüber auferlegt werden. Wollte man dem Bauern an dem Eigenthum seines Gutsherrn ein Erbrecht zugestehen, so würde dies die jetzt bestehenden Rechtsverhältnisse geradezu umkehren. Die Regierung erklärte sich mit dieser Auffassung einverstanden; sie wolle nur einen geordneten Rechtsgang und nicht alles dem guten Glauben der Gutsherren überlassen. So geschah es, daß das Gesetz den Nachfolgern des Bauern kein Erbrecht zuspricht, sondern nur dem Gutsherrn hinsichtlich der Wiederverleihung, welche der Nachfolger mit dem Nachweise seiner persönlichen Befähigung zur Bewirthschaftung, bei Verlust seines Anspruches, innerhalb eines Jahres, von Erledigung seiner Stelle angerechnet, vom Gutsherrn zu erbitten hat, die Beobachtung gewisser Normen auferlegt. Und der geordnete Rechtsgang besteht darin, daß das Ministerium über unbedenkliche Fälle selbst entscheidet und im übrigen es seinem Ermessen anheimgestellt bleibt, die Entscheidung auf dem Rechtswege zu veranlassen. Auch alle übrigen im Gesetze stipulirten Verpflichtungen der Gutsherren sind diesen nicht den Bauern, sondern nur der Regierung gegenüber auferlegt.

Mit Rücksicht auf Vorstehendes müssen wir es für eine leere Phrase halten, wenn der Committenbericht sich dahin ausspricht, daß durch die neue Gesetzgebung ein gesunder, wirklicher Bauernstand geschaffen werde, im Gegensatz zu dem dadurch glücklich vermiedenen Erbpachtsystem, durch welches der Bauernstand nicht erhalten, sondern verdrängt werde, und daß Stände für eine solche Wohlthat alle Ursache hätten der Regierung dankbar zu sein. Wir können mit Recht das Gesetz vom 13. Januar 1862 als eine modernisirte Auflage des Artikel 16 der Reversalen bezeichnen. Bald wird die Zeit nahen, wo in Mecklenburg der letzte ritterschaftliche Bauer zu existiren aufgehört haben wird. Jenes Gesetz ist der Anfang zur völligen Exstirpation der ritterschaftlichen Bauern. Eine große Anzahl des geringen Restes derselben ist, wie nachgewiesen, durch das Gesetz selbst der Vernichtung ausgesetzt. Da überdies dem Bauern alles Recht seinem Herrn gegenüber abgesprochen ist, so bedarf es nur einer neuen Verständigung zwischen der Regierung und den Feudalständen, um demnächst auch den letzten Rest der ritterschaftlichen Bauern abschlachten zu können.

Vergebens haben einzelne bürgerliche Landstände, unter ihnen vor Allem Pogge, das ihrige gethan, um das drohende Unglück von dem Bauern abzuwenden. Mit Hohn und Invectiven ward den Vertheidigern der Rechte der Bauern Seitens der Junker und ihrer Vertreter geantwortet, und mit Ausfällen wider ihre unglücklichen Opfer. Selbst der Committenbericht beschuldigte den Bauern, daß er proceßlustig sei, welche gegen den ganzen Bauernstand gerichtete Beschuldigung Pogge für ungeeignet und unpassend erklärte, indem er mit Recht hinzusetzte: wenn der Bauer viele Processe geführt habe, so schließe er daraus, daß ihm viel Unrecht zugefügt sei. Als Pogge und seine politischen Freunde in der Landtagssitzung vom 9. December 1861 wider die willkürlichen Legungen, Kündigungen und Abmeierungen sprachen, da meinte der Bürgermeister von Grabow, Hofrath Flörke: "Man muß den Bauern nicht zu viel einräumen. Ich habe in vieljähriger Praxis bei Bauernlegungen die Erfahrung gemacht, daß mit den Bauern überhaupt eine Verständigung schwierig ist." Der Ritter von Oertzen-Lübberstorf entgegnete: "Die Bauern haben es hier sehr gut im Lande, sie sind aber eine übermüthige Gesellschaft und müssen strenge genommen werden. Jedesmal wenn sie in die Stadt kommen, benebeln sie sich. Ich habe mit

einigen vierzig Bauern zu thun und fast alle machen
es so." In der Landtagssitzung vom 12. December 1861 beantragte Pogge, die Bauern zu freien Eigenthümern zu machen
und ihre Leistungen an den Grundherren mit dem 25fachen Betrage abzulösen. Aber der Landrath von Maltzan auf Rothenmoor erwiederte: „Das ist kein Bauernstand, der dadurch
geschaffen wird. Ein Stand muß einen geschichtlichen Hintergrund haben." Als schließlich das Gesetz von den Ständen angenommen ward, gab Pogge die nachfolgende Erklärung zum
Landtagsprotocoll: „Ich halte mich verpflichtet, bei dieser Gelegenheit darauf hinzuweisen, daß die ganze Bevölkerung aus den Verhandlungen über dieses Gesetz die Ueberzeugung gewinnen mußte,
daß wir Stände nicht mehr im Stande sind, die öffentlichen
Verhältnisse zum Wohle des Landes zu leiten. Das Gesetz ist
von der Regierung nur aus Rücksicht auf die Ritterschaft, nicht
aus Gründen der Zweckmäßigkeit gegeben. Ich hege die Hoffnung,
daß der Landesherr aus den Zusätzen, welche die Stände dazu
gemacht, Veranlassung nehmen wird, das ganze Gesetz zurückzuziehen." Diese würdige und treffende Erklärung versetzte die
Gegner in den höchsten Zorn. „Solche Aeußerungen einzelner
Mitglieder der Landtagsversammlung", rief der Kammerherr von
Oertzen=Kotelow, „müssen zurückgewiesen werden. Es liegt eine
unerhörte Insolenz darin, den Ständen solches vorzuwerfen,
und darf man sich dergleichen für die Zukunft nicht gefallen lassen."
Der erwähnte Herr von Oertzen=Lübberstorf fügte hinzu:
„Herr Pogge nimmt sich seit einiger Zeit heraus, der Landtagsversammlung auf eine solche Art Invectiven zu sagen, und muß
dieselbe dagegen sichergestellt werden, es ist nicht anständig, sich
solcher Aeußerungen zu bedienen", und hierauf richtete er die Aufforderung an die Landmarschälle, für die Entfernung solcher Mitglieder zu sorgen.

Pogge ließ sich jedoch durch die „geselligen Gewohnheiten"
seiner Gegner nicht einschüchtern und behauptete seinen Platz.
Aber das Gesetz ward nicht zurückgezogen, sondern, wie bemerkt,

am 13. Januar 1862 publicirt. Die unglücklichen Folgen desselben haben auch nicht lange auf sich warten lassen. Von verschiedenen Seiten des Landes hört man bereits, daß Bauern ohne Grund gekündigt und von ihren Stellen vertrieben werden. Ein eclatanter Fall dieser Art ist bereits in den öffentlichen Blättern mitgetheilt. Im Dorfe Karchow bei Röbel, einem dem Herrn von Langermann-Erlenkamp gehörigen Besitzthum, befanden sich im Jahre 1755 noch 9 Bauern. Von diesen wurden 6 vor etwa 70 Jahren gelegt, und auf deren Acker ward der Hof Erlenkamp errichtet. Die drei noch übrig gebliebenen Bauern wurden damals vom Hofdienste befreiet und auf eine Pacht von jährlich 80 Thlr. N. ⅔ gesetzt, welche von dem im Jahre 1860 verstorbenen Vater des jetzigen Besitzers auf 100 Thlr. N. ⅔ erhöht ward. Die Familien dieser drei Bauern sind seit langer Zeit im Besitz ihrer Stellen gewesen und die jetzigen Innehaber derselben haben ihre Pacht stets richtig gezahlt und sind auch sonst ihren Verbindlichkeiten nachgekommen. Bei einem zufälligen Zusammentreffen des Baron von Langermann mit einem der Bauern im Mai 1861 theilte er demselben mit, daß er die Absicht habe, die drei Karchower Bauern auszubauen. Zu Pfingsten 1861 ließ er alle drei zu sich bescheiden und machte ihnen darüber die bittersten Vorwürfe, daß sie dem Kartenspiel ergeben seien. Er ermahnte sie darauf, davon abzulassen, und erklärte hinsichtlich zweier der Bauern, Bergholz und Elsholz, daß er noch nicht wisse, ob er sie behalten würde, da sie Spieler und Säufer wären, erging sich auch sonst noch in harten Worten. Dem Vorwurf wegen des Kartenspiels lag nur folgendes Factum zu Grunde. Die Bauern hatten im Winter am Sonntag Abend öfter über Maßnahmen in ihrer Wirthschaft berathen, wozu in dem Umstande, daß ihr Acker Stück um Stück liegt, Veranlassung gegeben war und dann ihre Zusammenkünfte mit einem Kartenspiel (Dreikart, Fips oder Solo) geschlossen. An diesem Spiele betheiligten sich zwei von den Bauern und einige andere Personen. Als Spielmünze pflegten sie Bohnen zu benutzen, wovon 16 auf einen

Schilling gerechnet wurden. Daß die Bauern als Säufer bekannt seien, wird als vollkommen irrthümlich bezeichnet. Nachdem inzwischen mit ihnen auch noch über eine Verlegung ihrer Gehöfte verhandelt war, welche sie aber ablehnten, weil der ihnen zum Tausch angebotene Acker sehr bergig, kiesig und sandig war, wurden die beiden Bauern Bergholz und Elsholz Johannis 1861 vom Gutsherrn in der Weise gekündigt, daß sie Johannis 1862 abziehen sollten. In Folge dessen wandten sie sich an das Ministerium des Innern und demnächst an den Großherzog, erhielten aber den Bescheid, daß die Regulirung erst betrieben werden könne, wenn sie im Wege der Bitte an den Gutsherrn die Zurücknahme der Kündigung erwirkt hätten. Der von ihnen nunmehr gemachte Versuch, den Gutsherrn zur Zurücknahme der Kündigung zu bewegen, blieb aber ohne Erfolg. Sie wandten sich daher mit einem neuen Vortrag an das Ministerium, wurden aber unter dem 24. Januar 1862 von diesem dahin beschieden, daß sie in Ermangelung specieller Bestimmungen, wodurch ihr Verhältniß zur Gutsherrschaft geregelt werden, nur auf die für sie normirenden allgemeinen Landesgesetze, insbesondere auf Artikel 19 des Landesvergleichs verwiesen werden könnten. Vom Großherzoge, an welchen sie sich darauf wandten, wurden sie im Februar 1862 auf die ihnen vom Ministerium ertheilte Antwort verwiesen. Um Johannis 1862 fand sich das Patrimonialgericht ein, um die beiden Bauern zu vertreiben. Dieselben erklärten aber, daß sie die erhaltene Kündigung schon aus dem Grunde nicht für rechtsgültig anerkennten, weil ihr Grundherr zur Zeit ihrer Kündigung noch nicht den Homagialeid abgeleistet habe und folglich noch nicht zu Handlungen berechtigt gewesen sei, welche die landesherrliche Anerkennung seiner Grundherrschaft voraussetzten. Der Patrimonialrichter hielt diesen Einwand für begründet und stand daher einstweilen von der Exmittirung zurück. Die Kündigung ward erneuert und zugleich auch auf den dritten Bauern erstreckt.

Auch in der Gegend von Grevismühlen hat ein Gutsherr im verflossenen Johannis einen von ihm gekündigten Bauern ohne Weiteres von Haus und Hof weisen lassen. In der Regel aber entziehen sich solche Fälle der Oeffentlichkeit, und es ist daher mit Sicherheit anzunehmen, daß auf Grund des Gesetzes vom 13. Januar 1862 zahlreiche andere Fälle von Kündigungen und Ermittirungen stattgefunden haben oder in naher Aussicht stehen.

Wir haben im Vorstehenden dem deutschen Volke die Schaubühne gezeigt, auf welcher der Feudalismus seine Rolle ohne alle Maske spielt.

Es giebt Romantiker, welche sich den Feudalismus idealisiren und die mittelalterlichen Zustände mit einem romanhaften Glorienschein umgeben. Historiker, unbekannt mit den furchtbaren practischen Consequenzen des Feudalsystems, haben aus Büchern ein Bild von demselben entworfen, das der Wirklichkeit gar nicht entspricht, und es als das Princip der individuellen Freiheit gegenüber dem nivellirenden Absolutismus gefeiert. Noch kürzlich hat ein mit den Lehren des Civilprozesses wohl vertrauter Professor bei seinem Abgange von Rostock in der an seine Schüler gehaltenen Abschiedsrede die politischen und socialen mecklenburgischen Verhältnisse als das Ergebniß ununterbrochener geschichtlicher Entwickelung bewundernd anerkannt und Mecklenburg mit seiner altständischen Verfassung und seinen corporativen Einrichtungen als ein wahres Musterland den andern deutschen Ländern mit ihren constitutionellen neumodischen Formen gegenübergestellt. Die Illusionen, welchen man sich in Bezug auf Mecklenburg und seine Zustände hie und da noch hingiebt, werden aber schwinden, wenn man sich unsere bäuerlichen Verhältnisse in ihrer geschichtlichen Entwickelung bis auf die neueste Zeit vergegenwärtigt.

Wer mit dem Wesen des Feudalismus bekannt ist, findet es begreiflich, daß die Junkerpartei in Preußen auf Seite der Communisten und Socialisten steht. Haben doch beide Parteien dasselbe Princip. Feudalismus und Communismus strecken beide die Hand nach fremdem Eigenthum. Aber der Communismus, so absurd und unausführbar an sich, steht doch auf einer viel höheren moralischen Stufe, als das Junkerthum. Denn er kämpft nicht für sein Privatinteresse, sondern für die große Masse der Arbeiter, welche nach ihm das Volk ausmacht, während das Junkerthum, von seinen Sonderinteressen geleitet, die große Mehrzahl zu Gunsten einer winzigen Minderheit ausbeutet. In Preußen beansprucht eine aus 68000 Köpfen bestehende Kaste die politische und sociale Herrschaft über ein Volk von 19 Millionen.

Schon anderweitig haben wir Gelegenheit gehabt, die mecklenburgischen Zustände zu schildern. Unsere Beweise haben wir mit Zahlen und Thatsachen erbracht. Das Junkerthum hat uns mit Phrasen widerlegen wollen. Aber Zahlen entfernt man nicht mit Phrasen und die Geschichte läßt sich nicht fälschen. Wir stehen auch mit unsern Ansichten keineswegs isolirt da. Wir haben bereits unparteiische geschichtliche Zeugen für uns reden lassen. Selbst in den Reihen unserer politischen Gegner fällt man das Verdammungsurtheil über unsere Zustände. Die „Deutschen Blätter", das Organ der Würzburger, haben dieselben mit einer schneidenden Schärfe beleuchtet und jegliche Gemeinschaft der conservativen Interessen mit den socialen Verhältnissen in Mecklenburg abgelehnt. Großdeutsche und Schutzzöllner haben dem mecklenburgischen Feudalismus den Krieg erklärt. Die Ultramontanen sind schon wegen des feindseligen Auftretens unserer feudalen Regierung wider den Katholicismus erbitterte Gegner unseres Systems. Nur die Organe der Junkerpartei preisen das Eldorado in Mecklenburg und gebehrden sich, als wenn nur „entartete Söhne des Vaterlandes" dessen Institutionen hassen. Dann müßten dazu aber auch die Angehörigen unserer orthodoxen Partei, ja selbst die hierarchische Spitze unserer Kirche, der Oberkirchenrath Kliefoth, gehören. Denn in einem Artikel der Hengstenbergischen „Evangelischen Kirchenzeitung" von 1859 S. 822, betitelt „Aus und über Mecklenburg-Schwerin", geißelt ein frommer mecklenburgischer Landprediger unsere Zustände und ruft

Kliefoth als Zeugen für sich auf, der auf einem Bibelfeste in Waren die beiden Wahrheiten ausgesprochen habe: "Die socialen Verhältnisse unseres Landes lasten wie ein schwerer Bann auf dem kirchlichen Leben unseres Volkes", und: "Das Evangelium kennt keine äußeren Lebensverhältnisse, die es nicht zu durchbrechen und zu überwinden kräftig wäre! Aber daran, scheint es, wird sich die Kirche hiesigen Landes noch wer weiß wie viele Jahre zu zerarbeiten haben."

Die Bauern in Preußen, wie überhaupt in Deutschland, werden ihre Sympathien ihren unglücklichen Brüdern in Mecklenburg nicht versagen. Aber vielleicht behaupten sie, daß Zustände, wie in Mecklenburg, gegenwärtig in Preußen und im übrigen Deutschland unmöglich seien, daß schon ihr fester Besitz an ihrem Grund und Boden sie vor ähnlichen Schicksalen, wie sie die mecklenburgischen Bauern erfahren haben, und vor willkürlichen Eingriffen der Junker schütze. Nicht dringend genug können wir davor warnen, sich diesem Sicherheitsgefühl hinzugeben.

Die neueste Aera in Preußen mit dem persönlichen Regiment, dem das Königthum für seine Zwecke benutzenden Junkerthum, den Preßordonnanzen, den Verfolgungen der Presse, den Aufforderungen der feudalen Blätter zur Vernichtung der Verfassung und Errichtung einer christlich germanischen Monarchie, erinnert in unheimlicher Weise und nur zu deutlich an dasjenige, was hier in Mecklenburg sich begeben und schließlich zur Wiederaufhebung des konstitutionellen Staatsgrundgesetzes und so namentlich zur Wiederherstellung der Junkerherrschaft über die Bauern geführt hat. Dem Junkerthum hat sein eigenes Interesse stets höher gestanden, als die Achtung vor der Persönlichkeit Dritter und vor fremdem Eigenthum. Sind doch seine Privilegien nichts weiter als Negationen fremder Rechte. Es gab auch in Mecklenburg eine Zeit, wo der Bauer dingliche und erbliche Rechte an seinem Gehöft hatte. Mit einem Federstriche wurden dieselben in der mitgetheilten Weise vernichtet. Nicht viel mehr als ein halbes Jahrhundert ist verflossen, seit in Preußen die Leibeigenschaft aufgehoben und das Recht der freien Verfügung über das Grundeigenthum anerkannt ward. Die preußische Junkerpartei hat die Erinnerung an die Zeit vor 1807 noch nicht verloren. Die Stein'sche Agrargesetzgebung ist in ihren Augen nichts weiter als ein unberechtigter Eingriff in ihre durch die Geschichte geheiligten Privilegien und darum für sie ein Gegenstand des wüthendsten Hasses. Ihr Ziel, welches sie niemals aufgegeben hat, ist die Wiederaufhebung der Stein'schen Gesetzgebung und die Zurückführung der früheren agrarischen Zustände. Das im Jahre 1855 aufgestellte Programm der Rechten des preußischen Abgeordnetenhauses bezeichnet die preußische Gesetzgebung von 1807 und 1811 und die durch sie begründete freie Agrarverfassung als die Ursache des Ruins des Bauernstandes, von Theurung, Mißwachs und selbst Hungersnoth. Dasselbe will die Volksvermehrung nebst der Eheschließung und insbesondere auch die Erwerbung von Grundbesitz, wie dessen Zertheilung und Verschuldung nicht mehr dem bloßen Belieben der Privaten anheimgeben; es will alle Grundbesitzungen von Neuem „fideicommißartig befestigen, feudalisiren und wiederum als besondere Rechtskörper privilegiren, sogar das bewegliche Vermögen immobilisiren."* Von der in diesem Programm ausgesprochenen Richtung sind denn auch verschiedene Angriffe gegen die preußische Agrargesetzgebung ausgegangen. Im Jahre 1856 ward der Artikel 42 der Verfassungsurkunde vom 31. Januar 1850 namentlich in so weit aufgehoben, als derselbe das Recht der freien Verfügung über das Grundeigenthum, wie dessen Theilbarkeit und die unbedingte Ablösbarkeit aller Grundlasten ausdrücklich gewährleistete. Auch ist schon früher, im Jahre 1852, die Bestimmung der Verfassungsurkunde aufgehoben, wonach die Stiftung von Familienfideicommissen untersagt werden und diese in freies Eigenthum umgestaltet werden sollten, seitdem aber durch besondere Gesetze, anstatt der in der Verfassungsurkunde in Aussicht genommenen Aufhebung der

---

* Lette, die Vertheilung des Grundeigenthums, S. 11 ff.

Lehne, die Umwandelung der altvorpommerschen und hinterpommerschen, sowie der ostpreußischen und ermeländischen Lehne in Familienfideicommisse angebahnt. Aus dem Herrenhause sind namentlich in der Session von 1856 und 1857 Beschlüsse wegen erleichterter Einführung von Familienstiftungen und Fideikommissen mit Landgütern, sodann wegen beschränkter Erbfolge in das ländliche Grundeigenthum hervorgegangen. Wenn das Programm der Rechten und die Beschlüsse der ersten Kammer nur theilweise ausgeführt sind, so hatte dies darin seinen Grund, daß die Reaktionsperiode der neuen Aera weichen mußte. Es fehlte den Junkern an Zeit, ihre Pläne vollständig zur Ausführung zu bringen. Aber es gelang ihnen doch noch zuvor, die gutsherrliche Polizei zurückzuerobern und damit die Bahn zur Zurückführung der faktischen Leibeigenschaft zu betreten. Ihr enfant terrible, der Graf v. Pfeil, verrieth zu früh die geheimen Gedanken seiner Partei. Wenn er sich nicht entblödete, in öffentlicher Kammersitzung die Mittheilung zu machen, daß er den Arbeiter, der mit dem, dem Wilde vorgeworfenen Aas seinen Hunger gestillt hatte, dafür mit Stockschlägen gezüchtigt habe, dann kann man über das Loos, welches dem ländlichen Arbeiter bevorsteht, falls die Junkerpartei zu unbestrittener und dauernder Herrschaft gelangt, nicht im Zweifel sein. Nur die Macht hat ihr bisher gefehlt, die äußersten Konsequenzen des Feudalismus zu ziehen und Preußen ins Mittelalter zurückzuführen. Moralische Schranken kennt sie nicht. Hätte sie die Macht, so würde auch der eigenthümliche Grundbesitz der Bauern in Preußen eben so wenig gesichert sein, als dies in Mecklenburg der Fall gewesen ist. Der preußische Junker hält sich von Gott und Rechtswegen für den Herrn des Grund und Bodens, der Bauer ist der Usurpator ihrer Rechte. Wehe diesem, wenn der Junker die Macht hat, ihm sein Eigenthum zu nehmen! Die alte ständische Organisation ist noch enthalten in den besonderen Rechten des ritterlichen Guts und in den Kreis- und Provinzialvertretungen, in welchen die Stimme des Ritters drei oder zehn Stimmen des Bauern

oder Stadtbewohners aufwiegt. Dort finden sich die Anknüpfungs=
punkte für die Wiederherstellung der feudalen Einrichtungen. Ist
nur erst die Verfassung vollständig beseitigt, das constitutionelle
Wahlgesetz durch ein ständisches ersetzt und damit das unbedingte
Junkerregiment gesichert, dann wird auch der preußische Bauer
bald erfahren, was die Herrschaft der kleinen Herren für ihn zu
bedeuten hat. Die Schicksale der ritterschaftlichen Bauern in
Mecklenburg, von denen wir in Vorstehendem ein Bild entworfen
haben, mögen ihm eine Warnung sein! Der preußische Hand=
werkerstand täuscht sich nicht über die Pläne der Junkerpartei:
er hat das ihm von derselben angetragene Bündniß zurückgewiesen.
Nach diesem glänzenden Fiasco hat die Junkerpartei um die Gunst
des Arbeiterstandes gebuhlt und mit den Kommunisten gemein=
schaftliche Sache gemacht. Aber der Arbeitertag in Frankfurt hat
bewiesen, daß auch der Arbeiter sich von den Junkern, deren Vor=
fahren die Sklavenpeitsche über den Rücken der ländlichen Arbeiter
geschwungen haben, nicht hinter's Licht führen läßt. Der große
Kapitalist und der Industrielle weiß, was er von den Junkern zu
erwarten hat, da diese ihnen seit der neuen Aera offenen Krieg erklärt
haben. Wenn nun auch in den Bauern die Erkenntniß über die
Pläne der Junkerpartei sich befestigt, dann werden alle Klassen
der Bevölkerung darüber einig sein, daß jene ihren Interessen feind=
lich gegenübersteht. Dann aber müssen sich Alle vereinigen, um
dem Junkerthum die Herrschaft zu entreißen und seine Privilegien
bis auf den letzten Rest zu vernichten. Der Bürger= und Bauern=
stand hat Jahrhunderte lang für die Monarchie gegen den Feu=
dalismus gekämpft. Mögen beide jetzt gleichfalls fest zusammen=
stehen, wo der Feudalismus mit Hülfe der Monarchie seine
früheren Rechte zurückerobern will! Es gilt, mit allen gesetzlichen
Mitteln den geschworenen Feind des Bürgerthums für immer
unschädlich zu machen und die unveräußerlichen Rechte des ge=
sammten Volkes auf Freiheit und Gleichberechtigung auf unzer=
störbaren Grundlagen zu errichten!